说服力

怎样有技巧地说服他人

宿文渊 / 著

北京联合出版公司
Beijing United Publishing Co.,Ltd.

前言 PREFACE

所谓说服，就是巧妙地运用各种可能的手段，直接作用于人的五觉系统（视觉、听觉、味觉、嗅觉、触觉），进而间接地作用于人的潜意识与意识（也就是人们常说的心和脑），从而影响人的心态和思想，甚至进一步主导人的意志及改变人类行为的一个目的性很强的活动过程。而所谓说服力就是指说话者运用各种可能的技巧去说服受众的能力。

说服遍布生活的每个角落。看看我们的生活，你就会发现，很多时候，我们做事是因为有人劝说我们去那样做——你以为自己是主动、自发的，其实不是，你只是被人说服了而去做某事而已。每天醒来，我们都会发现自己被说服所包围。在被他人说服的同时，我们也在努力试图说服他人。在家里，要说服父母、配偶和孩子；在单位，要说服上司、同事和下属。每天，你都要说服各种与你打交道的人。

说服的关键不是说话的内容，而是说话的方式，方式决定了说服的成败，在这方面占得优势，就等于取得了胜利。说服不是口头上的较量，而是思维上、心理上的战争；成功的说服不是口头上的压制，而是心理上的接纳；说服不是侃侃而谈，而是知道如何赢得他人的好感。人生在世，要取得成功就需要不断地说服别人。学会用恰当的方式说服他人，才能影响到他人的行为。增强自己的说服力，就能为自己赢得机遇、赢得信任。当然，要想说服他人听从自己的意见或观点并不是一件易事，要想对方心悦诚服地接受你的意识灌输，则离不开说服的艺术和技巧。在说服对方的过程中，话不一定要多，但须正中对方"罩门"，满足需求，这样就可以解决问题，获得你想要的结果。

对于很多人而言，无论是朋友沟通、生活交流，还是公司管理、企业洽谈，具备有效的说服能力是幸福指数提升和事业发展的重要因素。但更多时候，人们在说服时惯用的方式是急着把自己脑子里的东西一股脑地倾倒给对方，没有科学地融合信息，沟通双方都没有办法使对方信服。这也是为什么在现实生活中会有那么多的无效沟通。

本书讲述了提升说服力的方法，以及具体的说服技巧，其中涉及实际生活和工作的方方面面，你可以从本书中系统地学习到关于说服力的知识，并掌握实用的说服技巧。本书还将教会你如何通过说服他人达到你想要的结果，在不为人知的情况下，有技巧地说服他人、有规则地去影响他人。让你在享受说服艺术、提升思维水平的同时，获得成功的快乐。

第一章 逻辑说服：说服高手骨子里都是逻辑大师

说服他人不光靠口才，更要靠脑袋 / 2

说服别人要有合理的理由 / 6

深入了解对方，找到说服的突破口 / 12

设身处地，说服时要站在对方的立场上 / 14

循序渐进，说服别人需要耐心 / 17

多摆事实，以理服人 / 21

层层剥笋，向对方把道理说明说透 / 22

晓之以理即可化解矛盾 / 24

让对方变被动接受为主动反思 / 26

诱导对方不得不说"是" / 29

第二章 攻心说服：迅速并深度俘获人心的攻心战术

从对方最得意的事情上寻找说服突破口 / 32

寓理于情，攻心为上 / 35

说服没有主见的人："大家的意见都是这样" / 39

"长他人志气，灭自己威风"更能有效说服 / 42

一开始就先声夺人，让对方屈服 / 44

以众敌寡，逐渐将其同化 / 46

制造一点悬念，让对方改变自己的观点 / 49

点到他的利害之处，让说服更有效 / 51

运用对方的心理定势，巧妙说服对方 / 53

容忍对方的反感，让他不再反感 / 55

第三章 "催眠"说服：最有效的心理引导与精神安抚艺术

让对方扮演高尚的角色 / 60

抓住对方的心理，把话说到点子上 / 63

利用人们的逆反心理来说话 / 65

用富有热情和感染力的语言影响对方 / 66

避免争论，绕过矛盾 / 68

顺言逆意归谬法，让强势的他也点头 / 73

用商量的口吻向对方提建议，柔中取胜 / 74

必要时刻，向对方适当提出挑战 / 76

让对方觉得那是他的主意 / 79

先获得对方的好感，再委婉地商量 / 83

示弱的话让你赢得别人的同情 / 86

第四章　博弈说服：占据制高点逼他就范的策略思维

制造别无他选的困境，来诱导他人 / 90

制造强大的敌人，引起同仇敌忾 / 92

迎合他人的自尊心，让他乐于改变 / 95

利用最后时限，让他听从你的指示 / 98

不妨提一个更大的要求，更容易取得成功 / 101

利用"期望效应"，使他人按自己的意图行事 / 104

给予对方一个头衔，让他鼎力相助 / 106

让他人做出承诺，就容易达到你的目的 / 108

第五章　杠杆说服：9个渗透潜意识的心理影响法则

布朗定律：潜入对方大脑，言语真诚得人心 / 112

登门槛效应：循序渐进才能如愿以偿 / 116

古德定律：准确把握对方的观点，才能驾驭全局 / 119

首因效应：巧妙利用第一印象俘获人心 / 123

自己人效应：将对方拉进自己战壕 / 126

亚佛斯德定律：以对方的需求为切入点 / 130

乒乓球定律：积极与对方形成互动 / 133

权威效应：利用权威赋予你的权利 / 136

赫洛克定律：说服之前不妨先赞美 / 139

第六章　优势说服：不动气，轻松赢得沟通的反驳技巧

该不厚道时就不厚道 / 144

"以其人之道，还治其人之身"的反驳术 / 146

以毒攻毒，让对方自食其果 / 150

放大对方的荒谬之处是反驳的妙招 / 153

幽默用语让对方的话不攻自破 / 155

反驳要抓住对方话语中的破绽 / 157

把握语言反击的有效性 / 159

以妙语暗示自己的实力，让对方知难而退 / 160

用沉默进行反击 / 162

第七章　提问说服：投石探路，瞬间看穿人心的超强问话术

问话热身，消除冷状态 / 166

求同存异，认同与被认同里的玄机 / 168

锲而不舍，由浅及深问到底 / 170

投桃报李，亲近之人也需"糖衣攻势" / 173

借花献佛，潜伏在"醉翁"心里的游戏 / 176

巧妙引导，藏在对方需求里的劝说术 / 178

销售提问的三大诀窍 / 181

看透对方心理，掌握谈话主动权 / 182

故意褒贬，吹毛求疵有玄机 / 184

谈判必杀技：将反诘进行到底 / 187

第八章　身体语言的力量：在不为人知的情况下影响和改变他人

站着比坐着更能表现出气势 / 192

获取站在左边的优势，处于主动的位置 / 193

巧妙安排座位占据主动位置 / 195

移开视线，你就输了 / 197

利用光环效应让对方对你做出好的推测 / 198

隐藏部分身体，让他人畅所欲言 / 199

认真倾听是对他人最好的附和 / 201

第一章

**逻辑说服：
说服高手骨子里都
是逻辑大师**

说服他人不光靠口才，更要靠脑袋

大多数人认为，说服别人肯定要靠好口才。其实光有好口才还不能完全达到目的，有个聪明的大脑才是说服的根本。假如空有好口才而不知用智慧来支配口才，把握说话的分寸，好口才也可能成为毁灭你前程的罪魁。所以，在与他人相处时，不要逞一时口舌之快，说话不可直来直去，招人反感。

历史上有个楚襄王，他整日不务正业，不思进取，只顾个人享乐，不理朝政，而且听信奸臣和谗言，结果一而再、再而三地被秦国攻城掠地，江山社稷岌岌可危。

尽管如此，软弱的楚襄王依然不打算奋起反抗，而是一味地妥协退让，满怀希望地期待秦国人良心发现，适可而止。

楚襄王的这种做法，让很多关心国家安危的忠贞大臣们十分着急，大臣们纷纷进谏，但楚襄王一个也听不进去。有的大臣甚至屡次进谏都没能获得成功，反而遭到楚襄王的无理呵斥，说他们多言滋事，危言耸听。

这时，朝中有一位足智多谋的大臣，名叫庄辛。庄辛见楚襄王不顾国家的日渐衰亡，他看在眼里，急在心上，又见众人劝说无效，决定亲自去找楚襄王。

这天，庄辛看见楚襄王正在花园赏花，就走了过来。楚襄王见庄辛来到自己身边，知道又是来劝谏的。楚襄王打定主意，无论庄辛说什么，自己都不听。所以等庄辛来到他身旁时，他只瞄了庄辛一眼，一言不发。

庄辛明白，自己若是直接劝解，肯定会与其他大臣一样无功而返，楚襄王是听不进去的，只有另辟蹊径，才能进谏成功。

这时，恰有一只蜻蜓飞来，庄辛马上找到话题说："大王，您看见那只蜻蜓了吗？"

楚襄王一听，感到有些意外，他不直接劝说却说蜻蜓，便说："看见了，有什么特别吗？"

庄辛继续说："瞧瞧，它活得多舒服呀！吃了蚊子，喝了露水，停在树枝上休息，自以为与世无争，世人不会对它怎样，但它哪里知道，树下正有个小孩拿了黏竿等着它呢！顷刻之间，它就会坠于地下，被蚂蚁所食。"

楚襄王听了，面露凄然之色。

庄辛又说："您看到那只黄雀了吧？它跳跃在树枝上，吃野果，喝溪水，自以为与世无争，世人不会对它怎样，但它哪里知道，树下正有个童子，拿着弹弓对准了它。顷刻之间，它就会坠下树来，落在童子手中。"

楚襄王听了,开始面存惧色。

庄辛又说:"且不说这些小东西了,再说那鸿鹄吧!它展大翅,渡江海,过大沼,凌清风,追白云,自以为与世无争,乐得逍遥自在,世人不会对它怎样,但它哪里知道,下边正有个射手搭弓上箭,已瞄准了它。顷刻之间,它就要坠下地来,成为人间美味呢!"

楚襄王听了,惊起了一身鸡皮疙瘩。

庄辛又说:"禽鸟的事不足论,再说一下蔡灵侯吧。蔡灵侯左手抱姬,右手挽妾,南游高陂,北游巫山,自以为与世无争,别人不会对他怎样,哪知子揽已奉了楚宣王的命令,前去征讨他而夺其地了。顷刻之间,蔡灵侯死无葬身之地。"

楚襄王听了,吓得手脚抖动起来。

庄辛又说:"蔡灵侯的事远了,咱说眼前吧。大王您左有州侯,右有夏侯,群小包围,日夜欢娱,自以为与别人无争,会得到别人的容忍,哪知秦国的穰侯已得了秦王之令,正率重兵向我国进发呢!"

听了庄辛的这些陈述,楚襄王的脸色一点点变白,浑身发抖,他决心痛改前非,重振国威。庄辛的进谏忠心可嘉,楚襄王为此奖赏了他;庄辛又因劝君有方,被加封为阳陵君。自此,楚襄王励精图治,与秦人一争高下。

由此看来,在说服他人时,如果采取迂回的方法,既可以让他人明白自己的错误与过失,又能够使他欣然接受、乐于改正。

庄辛要说的话和其他臣子一样，都是要劝楚襄王振作起来，但别人的话楚襄王听不进去，庄辛的话却让楚襄王吓得全身发抖。为什么呢？只因为庄辛在说服中拐了一个弯儿，采用了迂回战术。他抓住了两个关键点，一是把国家的生死和楚襄王的生死利害关系连在一起；二是用画面和实例来吓楚襄王，让楚襄王听了这些话就想到具体画面。当他想到其他人如蔡灵侯的真实下场时，自然就会想到自己的下场。

说服他人靠的是头脑而不是口才，所以在劝人时不可直来直去、正面交锋，直白的语言很可能会招人反感，而采取迂回的战术，让他人自觉明白自己的过错，才能出奇制胜。

在生活中，随时可能遇到要说服别人的情况，如果不掌握技巧，仅凭好的口才很难达到理想效果，要想更好地达到说服的效果，就要靠脑袋来支配口才，具体应从以下几点做起：

1. 从细节了解别人的意见和看法

要想说服别人，首先要清楚别人的意见，知道他们的想法，才能采取有效的语言进行说服。了解得越多，言语的说服力就越强。

想提高自己说服的效果，就要想办法接近对方，关心对方并注意他们的日常表现，研究分析对方的行为动机和心理活动。

2. 用内涵提升说服力

在与人争辩强调自己的观点时，要表现出风度，注意适可而止。即使你的观点很正确，也切忌把对方"赶尽杀绝"，让他在众人面前颜面扫地。给别人留足面子，自然就在别人的心里种下了感激和信服的种子。

总而言之，说服他人不是强硬地把自己的观点塞进别人的脑袋里，也不是仅仅靠口吐莲花就能达到。而是要动用智慧，采用各种合理的方法和语言表达在人群里树立良好的声誉和信服力。

说服别人要有合理的理由

说服，是影响人际关系的一种形式，人们都希望掌握说服的技巧，轻松地说服他人，然而，这并非易事。它主要表现为劝说者通过谈话让被说服的对象理解并接受自己的观点和理由。同时，说服力并不取决于是否能言善道，而是在于是否拥有恰当的观点和合适的理由。

大部分人都希望能巧妙地说服他人，但在说服时能拿出充分理由的却非常少。例如：告诉对方"如果不这么做，公司就会有危险"、"这样会给大家添麻烦"、"如此才能拓展前途"……这样才算符合说服的需要。与人交往，想不费吹灰之力就说服对方是不可能的。必须彻底归纳自己的意见，表明自己的理由。若抓不住说服意见的重点、想表达的意思不够明确，这样不但无法说服对方，反而会遭到对方的反击而不得不知难而退。如果一开始就心生胆怯，心想自己的意见能否顺利地说服对方，或者一味地考虑万一遭到对方的拒绝该怎么处理，甚至在说服前已经开始认可对方的观点等,就不可能有一个稳固的说服基础,就无法想出能成功说服对方的方法和手段。

因此,在说服他人之前,先回顾一下所要谈论事情的中心思想,找到能打动人的理由,再开始进行说服,这样做的好处是能使说服工作开展得更加顺利,并且胜算更大。

南方的夏季很是难熬,不但潮湿,而且气温也是高得惊人。在这种环境中,就连树上的虫子都懒得出来,更何况每天需要工作十几个小时的建筑工人呢!

又是一个炎热的午后,工人们吃过午饭后都各自找个地方纳凉,因为天气实在是太热了。这时,一位监工走到工人们跟前,大声呵斥,工人们害怕监工,都纷纷拿起工具去干活了。可是等监工一走,他们又都停下手中的活儿,开始偷懒。这一切,都被精明的监工看在眼里,他马上明白严厉的呵斥根本解决不了问题,故而,他换了一种战术。

大约过了10分钟,监工又来到工人这边,偷懒的工人们见监工来了,马上开始干活。监工笑着说:"来,来,来,大家都把手里的活停下,这大热的天,咱们聊聊天。"说完,还顺手拿出刚刚买来的矿泉水分给每个人。他继续说道:"这鬼天气,谁愿意在大太阳底下干活啊,可是没有办法啊,现在上面领导催得紧,而且还要求保质保量。这些倒不是问题,关键是工期我们耽误不得啊,如果我们的工程不能如期交工,不但上面要扣我的工程款,就连各位师傅的工钱我也得拖着了啊。所以,我们大家就一起忍耐一下，抓紧时间把活儿干完，咱们早早干好活，也能早点拿钱回家孝敬父母，回去也好给老婆孩子添置点儿新东西，你们说是这个道理不？"

工人们一听监工说的句句在理，谁也不好意思再偷懒了，都一声不响地去干活了。

工人们之所以在监工第二次的说服之后都自觉地去干活，就是因为监工掌握工人的心理，理解工人的内心，适时地找到可以劝说工人们自愿干活的理由，使目的达成。

若对方固执地坚持己见，不妨直接说出你的意见，让对方暗自权衡一下利弊得失。当你想说服某个人时，若能先将利害关系说出，则更容易达到你的目的。譬如你只是说："赶紧将这份工作完成。"倒不如说："你若能尽快将此事完成，就会有更充裕的时间休息。"虽然辛苦一点，但有充分的时间可以休息，这种诱惑是谁也无法抵挡的。说话者技巧的高明之处，在于他们总会先将对方的心理揣摩一番，发现对方防守的要害，用攻坚或软化的方法破坏其防线，以求达到"攻心为上"的效果。

一位平时很节俭的老先生有一部老旧轿车，但这部车已经无法再发动上路了，于是有许多汽车推销员整日围着他推销新车，让他不胜其烦，造成他强烈的防范心理，常常扭头就走。最后，只要推销员一上门，他就会想："这家伙又是看上了我的钱包，我绝不会上他的当。"

"你这部老爷车早就该进博物馆了，开这种车实在有失你的身份。""你不如把修车的钱攒起来买部新车,这样才划算。"这位老先生每次听到这些大同小异的商业推销用语,马上表现得很反感。

有一天,来了一名陌生的推销员,老先生的第一个反应是:"骗子又来了!"然而,出乎意料地,那位推销员并没有向他夸耀自己的汽车,而是很内行地将老先生的旧车仔细地看了看,然后诚恳地对他说:

"先生,你这部车保养得很好,起码还可以再用一年半载,似乎不太需要立刻买新车,过半年再买也不迟。"说完便有礼貌地递给老先生一张名片,然后就直接离开了。听他这么一说,老先生心里泛起莫名的亲切感,不知不觉心中的防御系统已冰释瓦解,愈看愈觉得自己应该换部新车了。于是他马上照名片上的电话号码打给那名推销员,结果如何,各位可想而知。

充分的理由是说服人的关键,也是根本。因此我们在说服别人的过程中,就是强调最充分、最关键的理由。

多年以前,美国成功学家拿破仑·希尔曾应邀向俄亥俄州立监狱的服刑人员发表演说。他一站上讲台,立刻看到眼前的听众之中有一位是他在十年前就已认识的朋友——D先生,D先生此前是一位成功的商人。希尔演讲完毕后,和D先生见了面,谈了谈,发现他因为伪造文书而被判20年徒刑。听完他的故事之后,希尔说:"我要在60天之内,使你离开这里。"D先生脸上露出苦笑,回答说:"希尔,我很佩服你的精神,但对你的判断力却深感怀疑。你可知道,至少已有20位具有影响力的人士曾经运用各种方法想使我获得释放,但一直没有成功。这是办不到的事。"

希尔前去拜访俄亥俄州州长,向他表明了此行的目的。希尔是这样说的:

"州长先生,我这次是来请求您下令把D先生从俄亥俄州立监狱释放出来。我有充分的理由,请求您释放他。我希望您立刻给他自由,为此我准备留在这儿,等待他获得释放,不管要等待多久。在服刑期间,D先生已经在俄亥俄州立监狱中推出一套函授课程,您当然也知道这这件事,他已经影响了俄亥俄州立监狱中2518名囚犯中的1728人,他们都参加了这个函授课程。他已经设法请求获得足够的教科书及教学资料,而使得这些囚犯能够跟得上功课。难得的是,他这样做并未花费州政府的一分钱。监狱的典狱长及管理员告诉我说,他一直很小心地遵守监狱的规定。当然了,一个能够影响1700多名囚犯努力学习的人,绝对不会是个坏家伙。我来此请求您释放D先生,因为我希望您能指派他担任一所监狱学校的校长,这将使得美国其余监狱的16万名囚犯获得向善学习的良好机会。我准备担负起他出狱后的全部责任。这就是我的要求,但是,在您给我回答之前,我希望您知道,我并不是不明白,如果您将他释放,可能会使您在竞选中失去很多选票。"

俄亥俄州州长维克·杜纳海先生紧握住拳头,宽大的下巴显示出坚毅。他说:"如果这就是你对 D 先生的请求,我将把他释放,即使这样做会使我损失 5000 张选票也在所不惜……"

说服工作就此轻易完成了,而整个过程费时竟然不超过 5 分钟。3 天以后,州长签署了赦免令,D 先生走出监狱的大铁门,他恢复了自由之身。

希尔之所以能够成功地说服州长,和他的周密考虑和精心安排是分不开的。希尔事前了解到,D 先生在狱中的行为良好,为 1728 名囚犯提供了良好的服务。当他创办了世界上第一所监狱函授学校时,他同时也为自己打造了一把打开监狱大门的钥匙。既然如此,其他请求赦免 D 先生的那些人,为何无法成功地使 D 先生获得释放呢?他们之所以失败,主要是因为他们请求州长的理由不充足。他们请求州长赦免 D 先生时,理由或是他的父母是著名的大人物,或者是说他是成功的商人,而且也不是什么坏人。他们未能提供给俄亥俄州州长充分的动机,使他觉得自己有充分的理由签署赦免令。

希尔在见州长之前,先把所有的事实研究了一遍,并在想象中把自己当作是州长本人思考一遍,而且弄清楚了,如果自己真的是州长,什么样的说辞才能最打动州长。希尔是以全美国各监狱内的 16 万名男女囚犯的名义,请求释放 D 先生的。因为这些囚犯可以享受到 D 先生所创办的函授学校的利益。他绝口不提 D 先生有声名显赫的父母,也不提自己以前和他的友谊,更不提他是值得我们帮助的人。所有这些事情都可被用来作为请求赦免他的理由，但和对另外的 16 万名囚犯有很大的帮助这个更充分、更有意义的理由比较起来，就显得没有太大的意义了。希尔靠着这个最充分、最关键的理由获得了成功。可见，找准了理由，就找到了说服他人的关键。

深入了解对方，找到说服的突破口

"知己知彼，百战不殆"，我们要说服别人，就要先了解别人，只有了解了别人才能对症下药，找准说服对方的突破口。

说服他人是生活中常见的一种现象，需要说服的对象有很多，他可能是你的父母、你的上司、你的顾客、你的朋友、你应聘的主考官等。由于每个人经历不一，性格不一，学识不一，专业不一，与之相对应的心态、兴趣、处世、为人，当然也不一样。因此，要想在最快的时间内寻找到说服别人的最佳突破点，可以从深入了解对方开始并找到说服别人的突破口。

1. 了解对方的性格

不同性格的人，接受他人意见的方式和敏感程度是不一样的。是性格急躁的人，还是性格稳重的人；是自负又胸无点墨的人，还是有真才实学又很谦逊的人，了解了对方的性格，就可以按照他的性格特征，有针对性地进行说服。

2. 了解对方的长处

一个人的长处就是他最熟悉、最了解、最易理解的领域。如有人对部队生活比较熟悉，有人对农村生活比较熟悉，有人擅长文艺，有人擅长体育，有人擅长交际，有人擅长谋算等。

在说服人的时候，要从对方的长处入手。第一，能和他谈到一起去；第二，在他所擅长的领域里，谈论起来他更容易理解，因此更容易说服他；第三，能将他的长处作为说服他的一个有利条件，如一个伶牙俐齿、善于交际的人，在分配他做推销工作时可以说："你在这方面比别人具有难得的才能，这是发挥你潜在能力的一个最好机会。"这样谈既有理有据，又能表现领导者对他的信任，还能引起他对新工作的兴趣。

3. 了解对方的兴趣

有人喜欢绘画，有人喜欢音乐，有人喜欢读书，还有人喜欢下棋、养鸟、集邮、书法、写作等，人人都喜欢从事和谈论其最感兴趣的事物。从这里入手，打开他的"话匣子"，再对他进行说服，便较容易达到说服的目的。

4. 了解对方的想法

一个人坚持一种想法，绝不是偶然的，他必定有自己的理由，而且他讲的道理一般都符合他的利益。尽管有时这也许不是他想要坚持的，只是不愿承认、难于启齿罢了。如果说服者能真正了解他的"苦衷"，就能有针对性地加以说服。

5. 了解对方的情绪

一般来说，影响对方情绪的因素有以下三方面。一是谈话前对方因其他事所造成的心绪仍在起作用；二是谈话当时对方的注意力还未集中起来；三是对说服者的看法和态度。因此，说服者在开始说服之前，要设法了解他当时的思想动态和情绪，这对说服的成败，是一个至关重要的环节。

凡此种种，我们都要悉心研究，才能够有针对性地采取有效的说服方式。另外，了解对方是有许多学问的。许多人不能说服别人，就是因为他不仔细研究对方，不研究该用怎样的表达方式就急忙下结论，还以为"一眼看穿了别人"。这就像那些粗心的医生，对病人病情不了解就开药方，当然不会有好的效果。

设身处地，说服时要站在对方的立场上

琼斯是芝加哥一位富有的慈善家，他把大量的时间和金钱都花在对心脏病的研究上，这是他最热心的一桩事业。国会参议院的一个委员会正在就建立全国心脏病基金会的可能性进行调查，要求琼斯到会作证。为了准备发言，他请教了一些最优秀的专家。民间的心脏病研究组织配合他的工作，为他准备了递交给参议员的呼吁书和简明详实的文件。

当他带着准备好的发言材料去出席听证会时，发现自己被安排在第六个发言作证，前五人都是医生、科学家及公共关系专家，这些人终生从事这方面的工作，委员还会对他们每个人的资格——加以盘问，甚至会突然问道："你的发言稿是谁写

的？"琼斯看出，缺乏医学专业知识的议员，对专家们内容高深的演讲半信半疑。轮到琼斯发言了，他走到议员们面前，对他们说：

"先生们，我准备了一篇发言稿，但我决定不用它了。因为我不能同刚才已发表过高见的那几位杰出人物相比，他们已向你们提供了所有的事实和论据，而我在这里，则是要为你们的切身利益而呼吁。你们是美国的优秀分子，肩负重大的责任，决定美国的沉浮，现在你们正处于生命最旺盛的时期，处于一生事业的顶峰，你们日夜为国家呕心沥血，工作十分紧张和辛劳。正因为如此，你们的心脏最有可能受到损害，你们最容易成为心脏病的牺牲者。为了你们自己的健康，为了你们家庭中时常祈祷你们安康的爱人和儿女，为了千千万万个把你们送进这个大厅的选民们，我呼吁和恳请你们对这个议案投赞成票！"

琼斯面带感情，慷慨陈词，议员们被彻底地征服了。不久全国心脏病基金会就由政府创办，琼斯成为首任会长。

琼斯站在议员们的立场上，直接指出了心脏病对议员本身的威胁，使对方不得不通过这项有利于自身的法案，这是这篇演说词成功的关键。

有一位先生，辛辛苦苦赚了十几年的薪水后，终于买得一块理想的地皮，并着手修建房屋。他整天都笑逐颜开，在城市里生活，谁不想拥有一栋属于自己的房子呢？谁知事情发生了变化，他突然接到公司的命令，要他到欧洲某个国家主持分公司的工作。这下他乱了阵脚,简直不知道该如何是好。

他想去又放心不下正在动工的房子,想留下又怕影响自己的事业,真是左右为难。不过,他很快就拿定主意,立刻与建筑公司取得联系,通知对方要停止后续工程并解约。

建筑公司负责人认真地听了他的理由,然后从容不迫地说:"哦!这确实是件大事,事情既然来得这么突然,那就得尽快解决。不过,先生,我想提醒你一句,建造这样一栋房子,是你这一生中的一件大事,或许你一生就只修建一次房子,况且工程都已经过半,停工将会有很大的损失,是否应该考虑清楚后再做决定呢?"

那位负责人的话似乎在说,这件事如果处理不当,将会影响自己的一生,千万不能因眼前的某件事而改变终身长远的计划。

本来已经决定解除房屋修建契约的人,最终放弃解约的念头。

这位建筑公司负责人是说话高手中的高手,虽然短短几句话,却深藏着高明的策略在其中。

首先,他先站在对方的立场想,这么一来,对方在心理及认知上,就会把他当成同路人。

其次,他强调盖房子不是开玩笑的,每个人一生或许就只有一次机会盖房子,千万不能儿戏。

再次,他又回到现实,强调如贸然停工,费用上有极大的损失;综合这两个重要且不利于当事人的结果,再下结论,请当事人三思而行，自然会让对方心中一震，如大梦初醒，心中感激这位负责人，要不然他可能就做错了决定。

很多时候，如果我们及时调整心态，站在对方的立场思考问题，就会转被动为主动，迅速博得谅解与认同。实践证明：对善于"投桃"的人，现实总会对他"报李"，从而化腐朽为神奇。

循序渐进，说服别人需要耐心

说服别人并不是三言两语就可以搞定的事，说服别人需要的是耐心。因此，我们在说服别人时要循序渐进，耐心地、一步步地说服别人。

作为一名说服者，不到最后的时刻，永远不要放弃你的说服目标。

1928年，著名的松下公司急需一笔项目的建设资金。当时的松下公司还处于起步阶段，公司账面上的钱远远不够，只能向银行贷款。

松下和有联系的银行负责人见面，说明公司的项目要求贷款。银行经理详细询问了整个项目的细节，决定和总行协商后再做出答复。三天以后，总行答复：同意贷款，但要以土地、建筑物乃至松下的"信誉"做担保。

尽管贷款有了着落，但却不是松下所希望的那种方式。对银行方面的做法，松下心中不大满意：以松下的"信誉"做担保，总让人觉得不那么舒服，如果在投资上真的遇到风险，那么把松下的"信誉"赌了出去，松下公司将如何发展呢？在松下看来，信誉是无价的。松下考虑，最理想的结果应该是无担保贷款。于是松下向银行方面表示："对贵行的决定，我表示衷心感谢。但如果以不动产做担保，恐怕会影响到企业的形象，不仅对公司不利，将来对贵行可能也会有所影响。所以，我冒昧地请求，贵行是否可以提供无担保贷款？"

银行方面显得有些犹豫不决。松下接着说："偿还贷款，给我们公司两年时间就足够了，请放心。我厂的土地权利书和建筑物权利书，都可以交由贵行保存。我很希望贵行能给松下公司一次机会。"

经过松下的耐心说服，银行方面终于同意了松下的请求，答应再和总行联络。两天以后，银行通知松下，决定对松下公司提供无担保贷款。

如果你的观点是对的，一时说不服人家，你很可能会犯过分心急的毛病。当然，如果人家听了你的劝说，立刻点头叫好，改弦易辙，并称赞你"一言惊醒梦中人"，这自然是最妙不过的。实际上，这样的情况并不多见。别人的看法、想法、做法不是一天形成的。"冰冻三尺，非一日之寒"，要对方改变看法也绝非一日之功。有时，即使他当时表示了心悦诚服，你还要让他回去好好考虑。因为积习难改，当面服了，回去细想可能还会出现反复。即使真是如此,也千万不能指责对方是"当面一套,背后一套"。可见,说服别人要循序渐进,要有耐心。因为有时候,说服本来是可以取得更好效果的,但因为说服人认为已经达到了说服的目的,早早地放弃了说服,使得本来有可能更有利的局势毁于一旦。因此要想说服他人,要遵循以下三个步骤,循序渐进。

1. 了解对方的想法

想要让对方同意你的意见,第一步就是要设法先了解对方的想法。很多人为了说服对方,就精神十足地拼命说,说完了七成,只留下三成让客户"反驳",这样如何能顺利圆满地说服对方呢?所以,应尽量去了解对方的想法、意见以及其想法的来源,这才是最重要的。

2. 先接受对方的想法

当你感觉到对方仍对他原来的想法坚信不疑时,最好的办法就是先接受他的想法,甚至先站在对方的立场发言。先接受对方的立场,说出对方想讲的话。为什么要这样做呢?因为当一个人的想法遭到别人的否决时,极可能为了维持尊严或咽不下这口气,反而会变得更倔强地坚持己见,排斥反对者的新建议。

某家庭电器公司的推销员挨家挨户推销洗衣机,当他到一户人家里,看见这户人家的太太正在用洗衣机洗衣服,就忙说:"哎呀!这台洗衣机太旧了,用旧洗衣机是很费时间的,太太,该换新的啦……"

结果，不等推销员说完，这位太太马上驳斥道："你在说什么啊！这台洗衣机很耐用的，到现在都没有故障，新的也不见得好到哪儿去，我才不换新的呢！"

过了几天，又有一名推销员来拜访。他说："这是令人怀念的旧洗衣机，因为很耐用，所以对太太有很大的帮助。"

这位推销员先站在太太的立场上说出她心里想说的话，使她非常高兴，于是她说："是啊！这倒是真的！我家这台洗衣机确实已经用了很久，是太旧了点，我倒想换台新的洗衣机。"

于是推销员马上拿出洗衣机的宣传小册子，提供给她做参考。这种推销说服技巧，确实大有帮助，因为这位太太已经动摇而产生购买新洗衣机的想法。至于推销员是否能说服成功，只不过是时间长短的问题了。

善于观察与利用对方的微妙心理，是帮助自己提出意见并说服别人的要素。一般来说，被说服者之所以感到忧虑，主要是怕"同意"之后，会发生意想不到的后果；如果你能洞悉他们的心理症结，并加以防备，他们还有不答应的理由吗？至于令对方感到不安或忧虑的一些问题，要事先想好解决之道以及说明的方法，一旦对方提出问题，可以马上说明。如果你的准备不够充分，讲话模棱两可，反而会令人感到不安。所以，你应事先预想一个可能引起对方考虑的问题，此外，还应准备充分的资料，给客户提供方便，以方便客户决策。

3. 让对方充分了解说服的内容

有时，虽然有可行的计划，但在向对方说明时，对方无法完全了解其内容，他可能马上加以否定。另外还有一种情形是，对方不知我们说什么，却已先采取拒绝的态度，摆出一副不会被说服的模样；或者根本不听我们在说什么。如果遇到以上几种情形，一定要耐心地一项项按顺序加以说明。让对方了解我们的真心实意，这是说服这些人先要解决的问题。

多摆事实，以理服人

当一种观念进入人的心里很长时间时，话语的确难以改变他。此时，可用事实这种最有力的武器来说服他。

改变一个人对一件事的偏见，就要找到与他观念相悖的事实，自然而然地引进这个事实，并在时机成熟时阐述它，发挥它，使之真正成为你的有力论据。让事实说话，让说话的声音更有力。

由于数字更加具体，所以借由数字产生的事实更容易让人信服。因此，在必要时，我们要设法为枯燥的数字注入生命，这即是说，要让数字所代表的事实，能成为一般人生活经验中的一部分。只有这样，人们对数字才感到亲切，也才能产生兴趣。举例来说，下面的第一种数字陈述方式若能改为第二种陈述方式，则其影响力将显著加大。

Ａ：“假如各位接纳我的提议，则公司每个月至少能节省67453750元的开支。”

Ｂ：“假如各位接纳我的提议，则公司每个月至少能节省67453750元的开支。从另一个角度来说，倘若这项节省下来的开支，能以加薪的方式平均分配给公司的每一位成员，则每人每月的工资将增加3500元。”

日本语言学大师宇川先生说过："语言抽象程度的高低并不重要，关键在于能否化抽象为具体。如果介绍美国的烹调技术，最好将美国的饮食习惯、食物保存法及一般的家庭主妇烹调用具都详细介绍到，因为方法是抽象的，而烹调用具和实际操作是具体的。"和数字一样，具体的事物和比喻才有说服力。因此，当你要说服一个非专业人士时，记得要用具体的比喻和数字，才会有好的效果。让事实和数据为你说话，你的说服筹码分量会更充足。为了更好地说服别人，我们不妨把一些抽象的事实想办法用事实说出来，只有这样，我们的说服才会更加清晰明了，才能更容易赢得别人的信服。

层层剥笋，向对方把道理说明说透

人的思想是复杂的。对某一事物不理解，想不通，往往非一点即通，而需像剥笋一样，把握脉络，层层递进，穷追不舍，把理说透。

1921年，哈默听说苏联实行新经济政策，鼓励吸收外资，就打算去那儿做买卖。他想，那儿最迫切的是消灭饥荒，得到粮食。当时美国粮食正值大丰收，1美元可买到24~35升大米，农民宁肯把粮食烧掉，也不愿以这样的价格送往市场出售。苏联有的是美国需要的毛皮、白金、绿宝石，如果双方交换，岂不是很好吗？哈默到达莫斯科的第二天早晨，列宁和他进行了亲切的交谈。粮食问题谈完以后，列宁希望哈默在苏联投资，经营企业。哈默听了，默默不语。因为西方对苏联实行新经济政策抱有很深的偏见，搞了许多怀有恶意的宣传，使许多人把苏维埃的政策想象成可怕的怪物，将到苏联经商、投资办企业视为"到月球去探险"。俗语说，众口铄金。哈默虽然做了勇敢的"探险"者，同苏联做了一笔粮食交易，但对在苏联投资办企业一事，仍心存疑虑。

明察秋毫的列宁看透了哈默的心事。他讲了实行新经济政策的目的，告诉哈默："新经济政策要求重新发展我们的经济潜能。我们希望建立一种给外国人以工商业承租权的制度来加速经济发展。"

经过一番交谈，哈默弄清了苏维埃政权的性质和苏联吸引外资办企业的平等互利原则，很想大干一番，但是说着说着，又动摇起来。当列宁听出哈默担心苏联政府机关人员办事拖拉时，立即安慰说："官僚主义，这是我们最大的祸害之一。我打算指定一两个人组成特别委员会，全权处理这一事务，他们会向你提供你所需要的帮助。"

列宁看到哈默的眼神里还流露着不放心的意思,就索性把话说得一清二楚:"我们明白,我们必须确定一些条件,保证承租人有利可图。商人不是慈善家,除非觉得可以赚钱,不然只有傻瓜才会在苏联投资。"没过多久,哈默就成了第一个在苏联经营租让企业的美国人。

列宁对哈默的一连串的不解、疑虑,像剥笋一样逐个加以分析,斩钉截铁、干脆利落、毫不含糊,把政策交代得明明白白,使得哈默心里的一块石头落了地。这就是"层层剥笋法"的奇效。试想,如果列宁只是简单地向哈默做些保证的允诺,效果肯定不会太好。

晓之以理即可化解矛盾

说服别人放弃己见,信服采纳你的主张,实质上是一场从精神上征服人心的战斗,但又不能使对方有丝毫被迫接受的感觉。

矛盾无处不在,社交场合更是一个充满矛盾的地方。有了矛盾当然得想办法解决。解决矛盾,要采用晓之以理的说话术。

例如考试后,有同学得分不理想,认为老师故意刁难,于是想给老师难堪。如果你是科代表,你应该怎样说服自己的同学呢?请看这位科代表是怎样说服自己的同学的:

科代表:咳!这回大家成绩不好,我的成绩也下降了。开始我也很生气，心想这回难免要挨老爸一顿骂。但静下心来好好想一想，严也有严的好处。这样可以让我们及时发现自己学习上存在的问题，然后加以改进，使我们严格要求自己。换个角度来想，老师严格正说明老师负责任。

晓之以理是一种比较有效的说服方法。晓之以理，就是讲道理。如果是简单的事情，用一两个典型事例，再加上简明、扼要的分析，道理就可以讲清楚。如果是复杂的事情，就必须全方位、多层次、多角度地进行一系列的说服工作，从多方面展开心理攻势，并以严密的逻辑推理，水到渠成地得出结论。

卡耐基经常租用纽约某大旅馆的大礼堂办班授课。有一次，他正筹备一个新的培训班，忽然接到旅馆的通知：租金涨了三倍。这下可让卡耐基犯难了：他早已发出通知，地址已不可能更改。于是，他约见旅馆经理，心平气和地说："要提高租金，这不怪你。因为你是经理，盈利是你的责任。不过我们应该认真核算一下这样究竟有利还是不利：不错，你不租给我而租给别人，他们付出的租金比我高，经济上当然有利。但我付不出那么高的租金只能搬走，而我每办一次培训班就有成千有文化、受过教育的中上层管理人员到你的旅馆来听课。这难道不是一种广告吗？事实上你花几千元也邀请不到这么多人来参观，而我不花你一分钱帮你请来了，你难道不合算吗？现在请你认真考虑一下再答复我。"结果经理让步了。

在卡耐基与经理的交谈中，他一没叫穷，二没责怪，反而承认涨价是在情理之中，摆出了对对方有利的一面，但接着又摆出了不利的一面，因此就很容易被对方接受。而摆出利弊两方面之后并不做出结论——弊大于利还是利大于弊，而是让对方自己去权衡，又显得从容大度，不咄咄逼人。

让对方变被动接受为主动反思

一家大型电子产品制造公司的副经理凯利·瑞安说：

"让一个人改变他的工作方法或者工作程序的最好方法，是让这个人认为这一切都是他自己想出来的。我让他对这种改变负全部责任，我表彰他的主观能动性和预见性，他也相信那是他第一个想到的。这样对我们双方都有好处，他会感到自己的工作更重要、更安全，而生产效率也得到提高，这是我所期望的。但是，我也遇到过不大容易接受这种方法的人。就拿我们的生产监督员为例，上星期五我对他说：'杰克，我认为如果把三号切割机搬到那边去，然后再加两个电动卷绕站，我们的生产效率还能提高。我想听听你是怎么想的。'一天后，他来到我的办公室说：'凯利，这个周末，我有了一个好主意，如果我们把三号切割机搬到这里，然后再加两个电动卷绕站，我们在组装线上就能少走不少冤枉路，这样我们的生产效率能提高5%到10%。我们不妨试试看。'那正是我想让他发生的变化，这种方法要比告诉一个雇员去做什么好得多。人们都不喜欢让人家告诉他怎样去做。他们喜欢按照自己的方法做事。这种方法非常有效,每次我都如愿以偿。雇员由于提出了新的方法受到嘉奖,这样,我们双方都感到很愉快。"

对于这种方法只有一个特殊要求:时间和耐性。要慢慢地去做,切勿急躁。让人花费一定的时间去理解和消化你的思想,让它一点一点变成他自己的思想。切记:你的工作是播种,让他去收割,给种子生根发芽的机会。当这样做了以后,你会得到巨大的好处。

口才专家总结了许多让别人主动接受说服的秘诀,有些很值得借鉴:

1. 以事喻理

道理的"理"性愈强,愈要注意让事实讲话,否则就会因教育对象缺乏感性体验,影响对"理"的理解、消化和吸收。用事实充实大道理,还可以避免说大话、空话,把道理讲实。

讲道理应有层次。缺少层次,一下子跨越几个台阶,会让人接受不了。

2. 反诘设问

把大道理分解成若干个问题,用问话提出。这样做的好处是:一则引发兴趣,启发大家共同思考;一则用以营造一种和谐的气氛,使人觉得不是在灌输大道理,而是在共同探讨问题。这种方法,变听为想,变被动接受为主动反思,在抛砖引玉、换位思考中,让"系铃"人自己"解铃"。

3. 迂回引导

正面讲不通时，不妨"旁敲侧击"。讲大道理要学会剥茧抽丝，逐步引导，层层深入。有时也可借题发挥，讲出"醉翁之意不在酒"的道理。这样就不会把讲道理变成简单的演绎论证，使对方易于接受。

4. 理在情中

有时对方并非不接受道理本身，而是与讲道理的人合不来。这时讲道理的人要善于联络感情，要反省自己有无令对方反感的地方，及时克服和纠正。尤其当对方抵触情绪较大时，首先要以诚相待，然后在理解、尊重、关心的基础上，再讲道理。

5. 巧用名言

有哲理的格言可以发人深省，给人以启迪。把大道理与名人名言巧妙地结合，可以把大道理讲得耐人寻味，富有吸引力。

6. 谈心渗透

在课堂上或公共场合讲大道理，有些人可能听不进去。为避免出现这种现象，就要选择一个恰当的场合，与对方真诚、平等地谈心交流。

7. 点到为止

有些人生怕人家听不懂，翻来覆去地讲同一个道理，结果适得其反。讲道理时一定要"点到"，同时又要留给对方充分思考的时间，让对方去领悟、消化。

8. 言行结合

有时对方之所以不服,就在于讲道理的人自己做得不够好。"做"得好才能赢得"讲"的资格。把单纯地讲道理变成行动,才能达到最佳效果。

诱导对方不得不说"是"

让对方多说"是"的好处就是使对方在不知不觉中一步步陷入"圈套",这时候你便牵住了他的"牛鼻子",对方于是不得不就范。

日本有个聪明绝顶的小和尚,他的名字可谓家喻户晓:一休。有一次,大将军足利义满把自己最喜爱的一个龙目茶碗暂时寄放在安国寺,没想到被一休不小心打碎了。就在这时,足利义满派人来取龙目茶碗。

大家顿时大惊失色,不知所措,茶碗已经被一休打碎,拿什么还给人家呢?

一休道:"不必担心,我去见大将军,让我来应付他吧!"

一休对将军说:"有生命的东西到最后一定会死,对不对?"

足利义满回答:"是。"

一休又说道:"世界上一切有形的东西,最后都会破碎消失,是不是?"

足利义满回答:"是。"

一休接着说:"这种破碎消失,谁也无法阻止是不是?"

足利义满还是回答:"是。"

一休和尚听了足利义满的回答,露出一副很无辜的神情接着说:"将军大人,您最心爱的龙目茶碗破碎了,我们无法阻止,请您原谅。"足利义满已经连着回答了几个"是",所以他也知道此事不宜再严加追究了,一休和尚便这样安然地渡过了这一难关。

促使对方说"是"的方法很多,最简单的方法就是以双方都同意的事开始谈话,这样就可以让对方多说"是",少说或不说"不"。

一个人的思维是有惯性的,当你朝某一个方向思考问题时,你就会倾向于一直考虑下去。这就是为什么有些人一旦沉醉于某些消极的想法之后,就一直难以自拔的道理。在人际交往中,我们应懂得并善于运用这一原理。与人讨论某一问题时,不要一开始就将双方的分歧亮出来,而应先讨论一些你们具有共识的东西,让对方不断说"是",渐渐地,你开始提出你们存在的分歧,这时对方也会习惯性地说"是",一旦他发现之后,可能已经晚了,只好继续说"是"。很多人先在内心制造出否定的情况,却又要求对方说"好"、表现出肯定的态度,这样做是不可能让对方点头的。假如你要使对方说"好",最好的方法是制造出他可以说"好"的气氛,然后慢慢诱导他,让他相信你的话,这样他就会像是被催眠般地说出"好"。

换句话说,你不要制造出让他可以表示否定态度的机会,一定要创造出他会说"好"的肯定气氛。

第二章

攻心说服：
迅速并深度俘获人心的攻心战术

从对方最得意的事情上寻找说服突破口

从对方得意的事情说起，顺着对方的心意，不可逆犯对方的忌讳和尊严。不然，不但达不到目的，反而会使自己处于尴尬的局面。

要想赢得对方的好感和认同，达到说服效果的最佳突破，就得从对方感兴趣的事入手。谈对方感兴趣的事，对方一定是很乐意的。而且可以因此把两个人情感上的距离拉近许多，这是打破僵局、说服别人的捷径。

每个人都希望别人认可自己，喜欢得到别人的重视和关心。如果在谈话时你能巧妙地谈到对方，提及他得意的事情，他肯定会对你有好感，甚至视你为知己。因此，无论是与朋友还是客户交谈，多谈一谈对方的得意之事，这样容易赢得对方的赞同。如果恰到好处，他肯定会高兴，并对你心存好感。

杨先生是一位公司经理，身高一米八，英俊帅气。由于业务关系，他经常与台湾商人打交道。

有一次，在一个知名的展览会上他遇到了一位女台商。杨先生马上走过去，和她热情地打招呼，交换名片。拿过来一看，她叫林静玉，便立刻说道："林小姐，你这名字起得好。"

女台商问他："我的名字有什么好？"

杨先生说："你看，林静玉，跟林黛玉就差一个字，比她还文静，其实你长得也像你们台湾的一位电影明星。"

女台商兴趣大增，接着问："我像谁？"

杨先生认真地回答："特别像林青霞。"

"哎呀，还真有不少人说我像林青霞呢。"女台商高兴地接受了杨先生的判断。

这时，杨先生说出了聪明的一句话："你们林家怎么尽出美女呀！"

听后，林静玉咯咯地笑个不停。后来，他们成了好朋友，彼此成功地合作过许多项目。

从上面的故事中我们不难看出，适时地从别人最开心的事情谈起，引起对方的荣耀感，杨先生不但成功取得业务上的拓展，还因此得到了一份友谊。事实上，每个人潜意识里都会有一种虚荣心，都愿意被人夸赞，这样的说服方式是很容易让对方接受的。

每个人都有一些自己认为值得纪念的事。如果能预先打听清楚，在有意无意之间，很自然地讲到他得意的事情，只要他对你没有厌恶的情绪，只要他没有其他不如意的事情，在情绪正常的情况下，他一定会高兴地听你说的，当然此时说服他就容易得多了。

因此，在说服别人的时候，你可以先扮演一个捧人的角色，了解对方特别的爱好或是开心的事情，在关键的时刻提一提，让对方知道你对他的关注和重视。这样，你在展开说服的时候，才不会遭到抗拒。

比如，一个人给你看了他小孩的相片，你就要顺势夸夸他的小孩；反之，你没有任何表达地放回原处，对方肯定会不高兴。如果有人升职了，第二天见到他，用最新的头衔称呼他，再夸赞一下他的能力，以及拿自己或别人的现状与他做对比，对方一定乐于笑纳。

你在说服的时候当然要注意技巧，表示敬佩，但不要过分推崇，否则会引起他的不安。对于这件事情的关键，要慎重提出，加以正反两方面的阐述，使他认为你是他的知己。到了这种境地，他自然会格外高兴，会亲自讲述，你应该一面听、一面说几句表示赞赏的话，如此一来，即使他是个冷静的人，也会变得和蔼可亲，你再利用这个机会，稍稍暗示你的意思，进行试探，作为第二次进攻的基点。

不过对方得意的事情要从哪里去探听，那当然要另谋途径，试着在你的朋友之中找一下与对方有交往的人，向他探听当然是最容易的。如能留心报纸上的新闻或其他刊物，平日记牢关于对方的情况，到时便可以应用。

此外，随时留心交际场合中的谈话，像这些时候谈到对方得意的事情，也是很平常的。但是必须注意，对方得意的事情，是否曾遭到某种打击而消失，如有这种情形，千万别再提起，以免引起对方不快，反而对你不利。

不过当你提出请求时，第一，要看时机是否成熟；第二，说服过程中要不卑不亢。过分显出哀求的神情，反而会引发对方藐视你的心理。尽管你的心里十分着急，但说话时的表情还是要表现得大方自然，不要只为自己打算，而是要说出为对方着想的理由来。

总之，说服别人并不难，关键在于怎样让对方接受你。抓住时机，适时切入对方爱听的话，自然让对方心花怒放，不会再刻意保持距离。

寓理于情，攻心为上

说服对方最有效的方法其实不是"说"，"以情感人"才是真正的成功。尤其是在说服权势者时，说服的攻势更不能直接展开，而是应该采用情理交融的方式。

常言道：动之以情，晓之以理，情不通则理不达。因此，从某种意义上来说，以情为先是进入对方内心世界、产生亲和力的重要因素。只有实现心灵的交流和情感的沟通，才能使对方心悦诚服。

人是有感情的动物，所以在接人待物时，话语中一定要充满着真情实意，这样才会产生语言魅力和感染力，从而取得圆满的实际效果。同样，要想把道理说得清楚，把事办得漂亮，也必须寓理于情。否则，就会事倍功半，背道而驰。

在一家大型酒店，一位外籍经理在检查客房时发现，房间里的各个角落都打扫得干干净净，几乎没有灰尘，床铺也很整齐。当他准备离开客房时却发现了一个严重的问题：茶几上的茶杯方向摆错了。

按照酒店要求，这几个茶杯的正确摆向应该朝向门口，好让客人一进门就看得见酒店的名字，借此传达酒店的品牌形象。但这种摆放方法，让客人无法在第一时间看到茶杯上酒店的名字。

外籍经理非常恼火，他当众批评了服务员的粗心大意、不负责任。而这位服务员虽然自知工作失职，但终因受不了被人当众斥责的尴尬与外籍经理当场顶撞起来。她认为这只是一件小事，是经理故意针对她小题大做。结果，双方相持不下，互不相让。

事后外籍经理与中国经理沟通后才恍然大悟，外国人管理讲究制度，中国人讲究人情，他当众指责服务人员的行为难免让服务员感到自尊心受损，下不了台。第二天，外籍经理与与他顶撞的服务人员进行沟通。

当外籍经理再次来到一个房间，他发现这位服务员正在整理的房间时，把茶杯的朝向摆对了，他们相视而笑。外籍经理向服务员道了歉，认为不应该在众人面前挫伤她的自尊心。但是，他又进一步对这位服务员解释，杯子的摆法非讲究不可，因为它关系到酒店的品牌意识。

外方经理寓理于情的态度让这位服务员分外感动。她从内心深处认识到自己工作的疏忽带来的后果。从此，她格外注意这方面的细节。

当然，外籍经理严格执行酒店的管理制度，讲究规范化、科学化，这都是对的。服务人员工作上的失职在先，才会有外籍经理当众训斥她的一幕发生。但是外方经理忽略了一个重要事实，即由不同国情所带来的在文化和管理上的差异。所以，外籍经理在说理过程中就事论事、缺乏人情味的工作方式和态度，是导致这次不愉快事件发生的重要原因。

如果在说服他人时能巧妙地运用情感技巧，动之以情，晓之以理，就能征服对方，使他不由自主地成为情感的"俘虏"。以情为先，攻心为上，以自身的情感优势化解对方的顽固，能够收到事半功倍的效果。白居易所说的"动人心者，莫先乎情"，就是这个道理。

不同的态度与工作方法收到了不同的效果。对他人表现得情真意切、关怀体贴，别人就容易愉快地接受你的观点；冰冷的态度、公事公办的言辞，往往会引起对方的逆反心理。没有心理上的沟通做基础，即使有理，也不一定能使人信服。

小方一向学习优异，父亲因生意失败，欠下很多债，但父亲仍想方设法借钱让其读书。小方很懂事，想不读书了，以帮助父亲减轻压力。于是他的同学在知道后劝他说："你父亲生意失败，家里困难，这是现实情况。但你父亲在这么困难的情况下仍送你来读书，就是希望你能有出息，将来比他强。依我看，这是你父亲生命中最重要的一笔投资，如果你现在不读了，我相信你父亲一定会很伤心。"小方在听了这番话语之后便很快振作起来，没过多久便成为了年级的佼佼者。

动人心者，莫先乎情。人不仅具有理性，更是有情感的动物。以情动人，是说服的必要前提。"寓理于情"就是把"理"放到情感中去。在说服的过程中，"理"是核心，如果脱离了"理"，"情"就变成了盲目的情感。只有把"理"贯穿在"情"当中，用"理"统帅"情"，才能收到好的效果。

如果想让说服取得成功，就要做到情与理的密切结合、综合运用和交替转化。如果没有情感的配合，只说些抽象的道理，将缺少震撼人心的力量及共鸣，更难以使人折服，具体可以参考以下两点：

1. 从对方的角度思考

每个人都有自己想问题的观点和角度，有自己特定的意愿和需求。在说服对方接受自己的观点之前，先从对方的角度思考怎样才能更容易接受。把充分了解对方意愿和想法的工作做在说服之前。如果只凭自己个人主观，认为怎样好就怎样做，容易导致说服失败。

2. 以事实引路，激发情感

想要取得良好的说服效果，就要从说服内容和被说服者的思想实际出发。在说服过程中有针对性地引用一些特例，再用真诚的态度讲明个中利害，引起对方情感的共鸣，自然而然地就达到想要的效果。

总之，在说服中，晓之以理是重要的一方面，以情动人则更是一个不可忽略的方面。情与理结合，理借情动人，这就是说服别人的最有效的方法之一。

说服没有主见的人："大家的意见都是这样"

有心理学家曾做过这样一个实验：让五个人围坐在一张桌子旁，实验者请他们判断线段的长度。每次呈现一组卡片，每组包括两张，一张卡片上有一条垂直线段，称为标准线段；另一张卡片上有三条垂直线段，其中一条与标准线段一样长，另外两条要么长了许多，要么短了许多，要求他们把那条与标准线段等长的线段挑出来。按理论，每个人都可以轻易地做出正确无误的选择。

当第一组两张卡片呈现后，每个人依次大声地说出了自己的判断，所有人意见一致，都做出了正确的选择。然后再呈现第二组，大家又都做了正确的一致回答。就在大家觉得实验单调而无意义时，第三组卡片呈现出来了。第一位被试者在认真地观察这些线段后，却做出了显然是错误的选择，接着第二、三、四位被试者也做了同样错误的回答。轮到第五位被试者时，他感到很为难，左右看看，因为他的感官清楚地告诉他别人都是错的。最后，他终于小声地说出了与别人相同的错误选择。

其实，这个实验是事先安排好的，前四名被试者都是实验者的助手，他们按照事先安排好的程序进行正确或错误的选择，而只有第五位被试者不知道这一情况，是真正的被试者。参加实验的真被试者是具有良好视力及敏锐思维能力的大学生，并且从表面上看，他们可以任意地做出想做的反应，而实质上，也明确要求他们做出他们自己认为是正确的反应。但是，当绝大多数人都做出同样的反应时，个人就有强烈的动机去赞同群体其他成员的意见，因此有35%的被试者拒绝了自己感官得来的证据，而做出了同大多数人一样错误的选择，这就是心理学上所说的从众行为。

生活中你是否遇到过这样的情形？4个人一起去吃午饭，你看着菜单，小声嘟囔着："今天吃什么呢？来一份炸酱面吧！"这时同伴中的一个人说："我要一份牛肉面。"接下来其他两个人也都附和说："那就吃牛肉面吧！"在这种情况下，你可能也会说："那我也和你们一样吧。"

这种现象，恐怕在每个人身上都发生过吧。

人们都知道"我行我素"这句成语，而在现实中，却很难做到这么"潇洒"。在现实中,人们往往不是自己喜欢怎样便怎样。在很多时候,甚至可以说在大多数时候,人们要看多数人是怎样做的,自己才怎样做。

实验和生活中的现象都说明,当个人的感觉与群体中的大多数人不一致时,个体为了使自己不被人认为"标新立异",常常会放弃自己的看法而接受大多数人的判断。所以当我们在说服别人遇到困难的时候不妨说一句"大家的意见都是这样的",那么这个人可能就会改变自己的看法而接受你的建议。

我们来分析一下,为什么个人会抛弃自己的观点而接受别人的说服呢?一般认为从众行为的原因来源于两种压力:一种压力为群体规范的压力,任何与群体规范相违背的行为都会受到群体的排斥。个体由于惧怕受到惩罚,或者为了表明自己归属于群体的愿望,就会做出从众行为。

另一种压力是群体信息的压力。我们知道,他人常常是信息的重要来源,我们通过别人获得许多有关外部世界的信息,甚至许多有关我们自己的信息也是通过别人获得的。在一般情况下,那些我们认为能带给我们最正确信息的人,往往是我们仿效和相信的人。这种信息压力引起的从众行为无论在实验中还是在生活中都是存在的,人们倾向于相信多数,认为多数人是信息的正确来源而怀疑自己的判断,因为人们觉得多数人正确的情况比较多。在模棱两可的情况下,从众的行为更容易发生。因为在这种情况下,人们很容易失去判断自己行为的自信心。

现实确实如此，社会总是会有大规模的从众行为，似乎每个人都要参考周围人的行为来决定自己应该做些什么，似乎很少人自己可以确定自己的主见，就像现在儿童的钢琴热、外语热、瑜伽热等，似乎大家在接受什么，自己也要接受什么。恰好，我们可以利用周围人的行为来影响或制约别人，这也不失为一种说服其他人的技巧和方法。

"长他人志气，灭自己威风"更能有效说服

在说服他人的过程中，有些说服者虽然思路敏捷，但一说话就令人感到狂妄，因此对方很难接受他的观点或建议。这种人多数都是因为喜欢表现自己，总想让别人知道自己很有能力，处处想显示自己的优越感，从而获得别人的敬佩和认可，结果往往适得其反，失掉了在说服对象面前的威信。

在人际交往中，那些谦让而豁达的人总能赢得更多人的赞同；相反，那些妄自尊大、高看自己、小看别人的人总会引起别人的反感，最终难以说服他人做任何事情。

法国哲学家罗西法古曾说过："如果你要得到仇人，就表现得比你的朋友优越吧；如果你要得到朋友，就要让你的朋友表现得比你优越。"老子也说过："良贾深藏若虚，君子盛德，容貌若愚。"意思是说商人总是隐藏其宝物，君子品德高尚，而外貌却

显得愚笨。这句话告诉我们，必要时要藏锋芒，收锐气，不可不分青红皂白将自己的才能让人一览无余。你的长处被说服对象看透了，就容易被他们利用。

另外，谦虚谨慎更能得到对方的信任。因为谦虚，你会赢得对方的尊重，这样你就更有可能说服他。

高先生是某地区人事局调配科的一位相当出色的骨干，按说做人事调配工作是容易得罪人的，可他是个例外。

他刚到人事局的那段日子里，在同事中几乎连一个朋友都没有。因为他正春风得意，对自己的机遇和才能非常满意，因此每天都使劲吹嘘自己在工作中的成绩。但同事们听了之后，不仅没有分享他的"成就"，还都极不高兴，这让他很是纳闷。最后，还是父亲一语点破，才使他意识到自己人缘不好的症结在哪里。

从此以后，他很少谈自己，而是尽可能多地听同事说话，因为他们也有很多事情要吹嘘。让他们把自己的成就说出来，远比听别人吹嘘更令他们高兴。后来，每当与同事闲聊的时候，他总是先让对方滔滔不绝地把他们的成就炫耀出来，与其分享。只有对方问他的时候，才谦虚地说一下自己的成就。

从那以后，他的人缘变好了，大家都乐于和他相处。

每个人都希望能得到别人的肯定评价，都在不自觉中强烈维护着自己的形象和尊严。如果谈话对手过分地显示出高人一等的优越感，那么他就会认为是对他自尊和自信的一种挑战与轻视，排斥心理也就随即产生了。所以，在说服他人的过程中，我们一定要忽略自己，以此让对方从心理上感到一种满足，使他愿意听取你的建议。当你表现出大智若愚，使对方陶醉在自我感觉良好的气氛中时，你就已经受益匪浅了，差不多已经完成了说服工作中最重要的环节。

一开始就先声夺人，让对方屈服

人总是欺软怕硬的，遇到弱小的一方总是喜欢以强欺弱，非得把对方逼到无路可退的境地。这是人的一种劣根性。如果你居于弱势地位，当对方不肯轻易顺从你的意见，甚至显示出一种居高临下的姿态时，你可以一上来就以"恐吓"压制住对方，从而让对方屈从和改变主意，反客为主，占据你的主动地位。

《三国演义》中讲到，曹操率领大军南征，刘备败退，无力反击，大有坐以待毙之势。以刘备单独的力量，绝对无法与曹操的势力相抗衡，解决的办法只有一个，就是与江东的孙权联手。此时，诸葛亮自愿出使到江东做说客。他并不是像一般人那样低声下气地求孙权，而是采用"反客为主"的方法，表现出一种强硬的态度，硬是激发了孙权的自尊心。

当时，东吴孙权自恃拥有江东全土和十万精兵，又有长江天堑作为天然屏障，大有坐观江北各路诸侯恶斗的态势。他断定诸葛亮此来是做说客，就采取了一种居高临下的姿态等待着诸葛亮的哀求。

不想诸葛亮见到孙权，开门见山地说道："现在正值天下大乱之际，将军你举兵江东，我主刘备募兵汉南，同时和曹操争夺天下。但是，曹操几乎将天下完全平定了，现在正进军荆州，名震天下，各路英雄尽被其网罗，因而造成我主刘备今日之败退。将军你是否也要权衡自己的力量，以处置目前的情势？如果贵国的军势足以与曹军相抗衡，则应尽快与曹军断交才好。"

诸葛亮只字不提联吴抗曹的请求，他知道孙权绝不会轻易投降，屈居曹操之下。

孙权听完诸葛亮一席话，虽然不高兴，但不露声色，反问道："照你的说法，刘备为何不向曹操投降呢？"

诸葛亮针对孙权的质问，答道："你知道齐王田横的故事吗？他忠义可嘉，为了不服侍二主，在汉高祖招降时不愿称臣而自我了断，更何况我主刘皇叔乃堂堂汉室之后。钦慕刘皇叔之英迈资质，而投到他旗下的优秀人才不计其数，不论事成或不成，都只能说是天意，怎可向曹贼投降？"

后来，虽然孙权决定和刘备联手，但面对着曹操八十万大军的势力，心里还存在不少疑虑——诸葛亮看出这一点，进一步采用分析事实的方法说服孙权。

"曹操大军长途远征，这是兵家大忌。他为追赶我军，轻骑兵一整夜急行三百余里，已是'强弩之末'。且曹军多系北方人，不习水性，不惯水战。再则荆州新失，城中百姓为曹操所胁，绝不会心悦诚服。现在假如将军的精兵能和我们并肩作战，定能打败曹军。曹军北退，自然形成三分天下的局面，这是难得的机会。"

于是，孙权遂同意诸葛亮提出的孙刘联手抗曹的主张，这才有后来举世闻名的赤壁之战。诸葛亮真不愧为求人高手。

活着就是一种对抗，如果你不想被对方压倒，那你就得先声夺人，反客为主。时刻占据上风才能赢。

以众敌寡，逐渐将其同化

美国人詹姆斯·瑟伯曾写过这么一段文字：

突然，一个人跑了起来。也许是他猛然想起了与情人的约会，现在已经过时很久了。不管他想些什么吧，反正他在大街上跑了起来，向东跑去。另一个人也跑了起来，这可能是个兴致勃勃的报童。第三个人，一个有急事的胖胖的绅士，也小跑起来……十分钟之内，这条大街上所有的人都跑了起来。嘈杂的声音逐渐清晰了，可以听清"大堤"这个词。"决堤了！"这充满恐怖的声音，可能是电车上一位老妇人喊的，或许是一个交警说的，也可能是一个男孩子说的。没有人知道是谁说的，也没有人知道真正发生了什么事。但是两千多人都突然奔逃起来。"向东！"人群喊叫了起来。东边远离大河，东边安全。"向东去！向东去！"人们都喊着……

上文所描述的其实是人们的"从众心理"。在日常生活中，人们的很多行为也都受从众心理的影响。例如，大街上有两个人吵架，本没有什么大事，但围观的人越来越多，甚至导致交通堵塞。在超市的特价商品区，一大群家庭主妇争先恐后地抢购一些她们未必需要而价格也未必实惠的商品……

这些就是"从众行为"，通俗地说就是"人云亦云""随大溜"。大家都这么认为，我也就这么认为；大家都这么做，我也就跟着这么做。

为什么会产生从众行为呢？这是因为，群体成员如果发现自己的行为和意见与群体不一致，或与群体中大多数人有分歧时，就会感到有压力，这种压力促使他趋向于与群体保持一致。也只有与众人保持一致，才会有"没有错"的安全感。即使错了，也会因为"大家都这样"而感到安慰。

在生活中，如果我们可以恰到好处地应用从众心理，其实它可以成为一种十分有利的武器，帮助我们起到同化对方的作用，让对方在寡不敌众的劣势下，不得不妥协，而加入到群体之中来。

从众心理对人们行为的影响已被商家意识到，并灵活应用到了各种销售战略上。例如，一家卖烤鸭的连锁店，在分店开张时，就会雇用一大群人，围在店门口，制造人气，吸引顾客。再如，向年轻人推销 MP4 时，就先雇一些学生，让他们随时随地携带着，并装出一副自得其乐、陶醉万分的样子。这种故意烘托出的氛围对其他学生，也就是潜在消费者来说，是一个相当大的诱惑：这么多人都有，而且这么享受，自己也要去买个MP4。

利用从众心理可以帮助我们集聚众人、增加人气，也可在绝大多数人的意见一致时，对个别人起协调作用，使之与集体保持一致，可概括为：以众敌寡、逐渐同化。例如，与其用说教的方法强迫孩子读书，不如让他和喜欢读书的孩子在一起。虽然刚开始时，他会觉得别扭，不大合群，但久而久之就会被同化，变得喜欢读书。再如，如果想让那些不喜欢发言的职工在会议中开口说话，就可以让一些"引导人"先发言，从众心理会使那些不爱发言的人也不由得采取了"同调行动"，踊跃发言。

总之，在现实生活中，少数服从多数的原则会对人们形成很大影响，给少数派的人造成很大的压力，使其心理立场发生动摇，最终放弃自己的主张而被别人同化。有时，我们为了获得这样的效果，则需要制造一种以众敌寡的压倒式局面和氛围，使对方就范。

要劝服一个人遵从自己的意见，可以采取以众敌寡、逐渐同化的方法。可能一个人唇焦舌干地苦苦相劝，并不能达到说服的效果，而让多个人轮流去劝说，就会给对方造成压力，使其被同化。

制造一点悬念，让对方改变自己的观点

对于自以为是的人，要说服他，最忌正面交锋、针锋相对，这样不但不能达到预期的目的，反而会激怒被说服者，使其更加坚守自己的观点。要说服这种人，应该先巧妙地制造悬念，通过卖关子来吊对方的胃口，使对方的坚持情绪松弛下来，把他的好奇心诱发出来，在解释悬念的过程中，可用简单的事理或推论证明对方的错误性，从而让其改变观点。

某建筑公司的李工程师，有一次说服了一个刚愎自用的人。有一个工头，他常常坚持反对一切改进的计划。李工想换装一个新式的指数表，但他想到那个工头是必定要反对的。于是李工去找他时，腋下挟着一个新式的指数表，手里拿着一些要征求他的意见的文件。当大家讨论着关于这些文件的事情的时候，李工把那指数表从左腋下移动了好几次，工头终于先开口了："你拿着什么东西？"李工漠然地说："哦，这个吗？这不过是一个指数表。"工头说："让我看一看。"李工说："你不用看的！"并假装要走的样子，说："这是给别的部门用的，你们部门用不到这东西。"但是，工头又说："我很想看一看。"当他审视的时候，李工就随便但又非常详尽地把这东西的效用讲给他听。他终于喊起来说："我们部门用不到这东西吗？糟糕，它正是我想要的东西呢！"李工故意这样做，果然很巧妙地把工头说动了。

要制造悬念时，你还可以让自己的言行有多种可能的含义，然后，诱导对方的注意力在一种含义上固定下来，即为对方设下陷阱，使对方产生错觉。最后突然向另一种含义上转去，情境的对转，使对方突然产生期待的失落，从而产生了强烈的戏剧性效果。

从前，有个人去拜访朋友。两人一直谈话，到了该吃饭的时候，主人也没有留客用餐的意思。

客人想，要是留我，我未必在这儿吃饭，既然不打算留我，我却偏要吃你一顿，而且要吃好的。他看见院子里主人家的鸡，就指着鸡说："鸡这种家禽有七德，你听说过吗？"

主人说："我只听过鸡有五德，一为文，其貌堂堂；二为武，脚爪尖利；三为勇，敢斗强敌；四为仁，保护同类；五为信，按时报晓。从没听说过七德呀，那两德是什么？"

客人说："你若舍得，我就吃得。加上这两德（得）不就是七德了吗？"

这个客人的聪明就集中在把自己想吃鸡的意愿，通过谐音制造圈套，让主人愉快地发现自己上当了。

那么，怎样才能很好地运用制造悬念这一方法呢？有两点需要注意：

一是悬念要具有新奇性。

二是悬念和劝说的主题要具有关联性。

紧紧把握住这两点，你便能巧妙地说服对方。

点到他的利害之处，让说服更有效

说服别人就像"打蛇打七寸"一样，抓住对方切身利益的得失，会使他的心弦受到震动，促使他深入思考，从而放弃自己消极的、错误的行动。

巴西球王贝利，在很小的时候就显示出了踢球的天赋，并且取得了不俗的成绩。

有一次，小贝利参加了一场激烈的足球比赛。赛后，伙伴们都精疲力竭，有几位小球员点上了香烟，说是能解除疲劳。小贝利见状，也要了一支。他得意地抽着烟，看着淡淡的烟雾从嘴里喷出来，觉得自己很潇洒、很前卫。不巧的是，这一幕被前来看望他的父亲撞见了。晚上，贝利的父亲坐在椅子上问他："你今天抽烟了？"

"抽了。"小贝利红着脸，低下了头，准备接受父亲的训斥。

但是，父亲并没有这样做。他从椅子上站起来，在屋子里来回地走了好半天，这才开口说话："孩子，你踢球有几分天赋。如果你勤学苦练，将来或许会有点儿出息。但是，你应该明白足球运动的前提是你具有良好的身体素质，可今天你抽烟了。也许你会说，我只是第一次，我只抽了一根，以后不再抽了。但你应该明白，有了第一次便会有第二次、第三次……每次你都会想：仅仅一根，不会有什么关系的。但天长日久，你会渐渐上瘾，你的身体就会不如从前,而你最喜欢的足球可能因此渐渐地离你远去。"

父亲顿了顿,接着说:"作为父亲,我有责任教育你向好的方向努力,也有责任制止你的不良行为。但是,是向好的方向努力,还是向坏的方向滑去,主要还是取决于你自己。"

说到这里,父亲问贝利:"你是愿意在烟雾中损坏身体,还是愿意做个有出息的足球运动员呢?你已经懂事了,自己做出选择吧!"

说着,父亲从口袋里掏出一沓钞票,递给贝利,并说道:"如果不愿做个有出息的运动员,执意要抽烟的话,这些钱就作为你抽烟的费用吧!"说完,父亲走了出去。

小贝利望着父亲远去的背影,仔细回味着父亲那深沉而又恳切的话语,不由得掩面而泣。过了一会儿,他止住了哭泣,拿起钞票,来到父亲的面前:"爸爸,我再也不抽烟了,我一定要做个有出息的运动员!"

从此,贝利训练更加刻苦。后来,他终于成为一代球王。至今,贝利仍旧不抽烟。

当你想要劝说某人时,应当告诉他这样做对他有什么好处,不这样做则会带来什么样的不利后果。相信他不会不为所动。

运用对方的心理定势,巧妙说服对方

世界著名的心理催眠专家埃米尔松在对人进行催眠的时候,常准备很多对方肯定会回答为"是"的问题,然后依次问对方这些问题。通过让对方不断地回答"是",人为地让对方形成一种对任何问题都回答"是"的心理定势,进而达到心理催眠的效果。

在心理学上有个非常著名的原理叫作"刻板印象原理",指的是:一个人在一定的时间内所形成的一种具有一定倾向性的心理趋势会影响他随后的思维方式和言行举止。即一个人在其已有经验的影响下,心理上通常会对某一特定活动处于一种准备的状态,从而使其认识问题、解决问题带有一定的倾向性与专注性。

刻板印象原理无时无刻不在影响着人的思想和行为。苏联心理学家曾做过这样一个关于"刻板印象"的实验:

他把同一张照片出示给参加实验的两组大学生看。不过,心理学家事先告诉第一组的学生:照片上的人是一个怙恶不悛的罪犯;告诉第二组的学生:照片上的人是一位伟大的科学家。最后,心理学家让这两组学生分别用文字来对照片上这个人的相貌进行描述。结果,第一组学生描述道:此人深陷的双眼表明其内心充满了仇恨,突出的下巴昭示着他沿着犯罪的道路越走越远的内心……第二组学生描述道:此人深陷的双眸表明其思想的深度,突出的下巴表明他在求知的道路上不畏艰难险阻的意志……

同一个人,之所以会得到如此截然不同的评价,就是因为评价者之前得到的关于此人身份的提示有区别。一开始产生了反感,后来就很难认同;一开始认同,往往就会一直认同。

在人际交往中,如果能够巧妙地利用人的心理定势,就可以非常简单地让他人点头称"是",对你心悦诚服。

"今天的天气真不错啊!"

"是啊!"

"夫人和孩子也都好吧?"

"是的,很好。"

"今年是你的本命年吧?"

"是的,我属虎。"

让对方不断地同意你的意见,制造对方"同意"的心理定势。最后,引入正题,对方往往也会同意。

或许有人会怀疑,这个简单得类似于哄小孩子的策略真的能够奏效吗?是的,这个策略虽然简单,但的确非常有效。

几乎每个人都有过这样的心理经历:用"不"来拒绝对方,并不能让自己心情愉悦,甚至有时会产生不愉快的感觉。相反,表示同意的肯定性回答往往会给自己带来愉快轻松的感觉。也就是说,对人来说,同意是自然的态度,而反对要比同意困难。再加上心理定势对"同意态度的强化",人在连续地同意了一连串事情之后,要突然扭转态度是非常困难的。

再则,人天生有一种使自己的言行或者态度前后保持一致的需求。如果产生了不一致,就会造成心理不适。

因此,通过制造对方"同意"的心理定势来使对方心悦诚服,是切实可行的说服策略。在与人交往的过程中,先就一些对方肯定会表示同意的事情取得对方的同意态度,使对方形成心理定势,最后再道出正题,往往就会避免双方的许多意见分歧,使彼此在最短时间内达成共识。

容忍对方的反感,让他不再反感

你以前可能会常常见到这样的情况:直到昨天关系还一直很好的两个同学,今天早上见面后却形同陌路,原因是"迈克背地里向杰克说我的坏话"。如果你想说服他应该与你重归于好,他当然不会理你,而且会把脸扭过去,把背朝向你,以示"报复"。他会认为"我一直把你当成我的好朋友,你却……""平时我对你那么好,你却……"而感到委屈和痛苦。因此,会对你产生反感,妨碍你的说服顺利进行。尤其是在小学生中,这种情况尤甚。在成年人的世界里,有时不会把对对方的反感这么直接地表示出来,但是因为他心存反感,往往会使你的说服以失败而告终。如果他心存反感,你即使求他做点儿小事,他也会说"我太忙"、"我感觉不能胜任"等来拒绝你的请求。

　　如果你想要说服的对方在内心深处对你存在着反感时，会如何表现出来呢？成人与小孩不同，所以表现形式也比较复杂。首先，由于说服者与被说服者之间的关系不同，反感的表现形式也不同。例如下属对上司感到反感时，因为不便明确表现出来，只好压抑在心底，最后会以变了形的其他方式表示出来。

　　还有，社会地位低者对社会地位高者进行说服时，对方只是随意地附和，并不向说服者吐露真心，或者使用极端客气的语言。这一般都是心中怀有反感的表现，这种反感会妨碍你的说服。当上司劝说下属应打起精神努力工作时，部下只是口头上响亮地回答他"是"，但是实际上并没什么改进，这一般都表示内心对上司有反感。当对方在谈话中根本不提你的名字时，有时也表示对你有反感。

　　相反，当上司对下属有反感时，即当社会地位高的人对社会地位低的人有反感时，大部分情况下不会将反感压抑在心底，而是直接表现出来。例如，谈到主题时，故意岔开话题；谈话当中突然离席，让对方久候；假装正在思考问题，将视线转移到别处；更有甚者，根本不听你的谈话，一个人看起报来。当对方采取忽视你的人格的态度时，可以认为说服工作很难进行了。此外，在不可用社会的优劣关系来衡量的家庭关系中，有时，孩子对于父母的劝告会强词夺理，采取完全拒绝的态度，也是孩子对父母怀有反感的表现。

那么，在想说服对方时，原本处于平等地位、没有任何瓜葛的双方，为什么会出现反感与被反感的现象呢？首先可以说，当你辜负了对方对你的期望时，他会对你产生反感。就像前面提到的小学生的例子那样。例如，对方一直认为你是他最值得信赖的朋友，而且你也知道对方对你很信任，但是在某种情况下，你辜负了他对你的信任，他便会对你有反感。

对以上所说的下属与上司的关系而言，当下级辜负了上级或上级辜负了下级的期望时，即当出现了"我受到了对方的藐视"这种情况时，对方心理上就会产生反感。时间久了，反感的情绪逐渐压抑在心底，就会在内心深处形成反感意识。

人们往往想忘掉那些不愉快的感情，如反感等情绪。这样，被压抑的观念就会自然地留存在心中，支配人的行动。但是，对方对说服者的这种无意识的反感，在说服者对他进行说服时，就会不自觉地表现出来。

而且反感往往是"个人感情"起主要作用的。例如，"他很傲慢"这种反感如果在你的心中已形成了印象，就容易让你认为"既然他如此对我，我说他傲慢，别人也不会指责我"，使你觉得自己很有道理。这样的"感情逻辑"，如从说服者的立场给予冷静的观察，往往会发现它是毫无理论根据的。但是，又不能因为没有理论根据，就指责他的反感是没有道理的。

但是，因为反感缺乏理论性根据，所以如果能进行很好的说服，那么，对方不仅会消除对你的反感，而且对你会进一步产生好感，从而有利于说服的进行。

1991年11月3日夜，美国新一届总统大选结果揭晓。当选总统克林顿在竞选总部楼前他的支持者们的聚会上即兴演说，先是言辞恳切地感谢昨天还在互相唇枪舌剑、猛烈攻击的主要政敌——现任总统布什，感谢布什从一名战士到一位总统间为美国做出的出色贡献，并呼吁布什和另一位对手佩罗及其支持者与他团结合作，在未来的4年重造美国，在全面振兴美国的大变革中继续忠诚地服务于祖国。

而远在异地的布什则打电话祝贺克林顿成功地完了一场"强有力的竞选"，还调侃地告诫克林顿："白宫是个累人的地方。"并保证他本人和白宫各级人士将全力以赴地与克林顿的班子合作，顺利完成交接工作。

竞选的成功与失败，对于他们来说欢乐与悲哀都是不言而喻的。但在事实面前，他们保持了高度的理智，表现了适度的宽容和超然的风度。

事实上，不能容忍的人是愚昧的，他们只晓得向来如此，现在也应该如此，所以他拼命反抗和破坏一切新的环境、新的事物、新的思想和新的人物。对于新的事物、新的环境，我们要努力研究，以求达到能够了解的目的；若是好的、对的，我们便应该吸取、学习。这是最正当最科学的方法，也正是容忍的方法。

第三章

"催眠"说服：
最有效的心理引导
与精神安抚艺术

让对方扮演高尚的角色

人们都希望自己是受人尊敬和被人喜欢的。而借助于这种高尚动机,让对方去扮演高尚的角色,使人们产生一种使自己的行为与对方评价的角色效果相一致的欲望,再多一份鼓励和信任,辅之以适当的疏导,对方就会尽量克服自己的弱点去迎合你的观点。

每个人的行为都会有一定的理由,在自己看来这样做一定是很好的。每个人在内心深处都会将自己理想化,都喜欢为自己的行为动机寻找一个完美的解释。所以,如果想说服别人改变自己的想法,那么就需要激发他的高尚动机,赋予他一个高尚的角色。

有一位公司的高管,为了让员工对自己的工作有更深的了解,会为他们收集一些资料。他还常常会送书给员工,希望能让员工的想法如同自己的一句话:"努力赚钱,是为了有能力去做善事。"这样,他的员工们便能从做善事的角度上消除对工作的疲劳和抱怨,满足了他们潜在的高尚动机。这样,那位主管便轻而易举地将集体的斗志带到最高点。

石油大王洛克菲勒极不喜欢摄影记者拍摄他子女的照片,便对记者们这么说:"你们也是有孩子的人,一定了解我的感受。你们一定也知道,太出风头对小孩子是很不好的。"洛克菲勒巧妙地用等同心理给记者们设计了一个"不愿伤害孩子"的高尚角色,并让大家在这样一个角色里不可能再对孩子进行骚扰。

由此可见,每个人都很容易受到别人所给他的"角色"的影响。因为,人们的内心都是理想主义,比较喜欢别人给予的高尚角色,从而使自己的自尊心得到满足。于是,便不得不按照你为他设计的"角色"去行动,也就是说,他一旦愿意受到这个角色的约束,便很容易被你说服。

这种说服方法在春秋战国时已经得到应用:

有一次,秦王因某事与大臣中期发生了激烈的争论,但没有争赢。而争赢了的中期竟然连一句客套话都没有就大摇大摆地走了。

争强好胜的秦王觉得脸上无光,不禁勃然大怒。秦王的暴戾专横是出了名的,他要杀一个臣民就像捏死一只蚂蚁那样容易。因此,许多大臣都为中期捏了一把汗。这时有个大臣想救中期,赶紧出来打圆场。

他对秦王说:"中期这个人是个蛮人,性子生得这么偏,幸亏他遇上了您这样豁达宽容的明君,要是遇上桀、纣那样的暴君,那他肯定要被杀头的。但是，您作为一国之君，如果这样好动怒，岂不有失您的英名吗？"秦王听了，心里美滋滋的，也就不再把那件事放在心上了。

这位大臣的进言，妙就妙在他的先扬后抑法运用得恰到好处，他在秦王怒气尚未发作之前便抢先一步采取扬的办法恭维秦王是明君。如果秦王接受恭维的话，那么就必须心胸宽阔。反之，若是心胸狭窄，动辄以势压人，滥施淫威，那就不是明君则是暴君了。这样，便把秦王逼到了进退维谷的境地，有效地抑制了秦王恼怒的情绪，使他不得不显示出豁达、宽容的态度，原谅了倔强无礼的中期。

生活在社会中的每个人，都希望他人能发现自己的优点和长处，从而肯定自己的价值。

因为每个人都有高尚的潜在品质，如果你能够及时地用恰当的方式说出来，这样既能迎合他的自尊心，让他感到很有面子；又能顺利地改变对方的想法，达到说服的目的。所以，想要说服他人接受自己的想法，就要给对方一个高尚的角色去扮演。

从上面的故事中，可以概括出在说服中要正确使用这种说服方法，至少要注意以下三点：

1. 用积极的语言

在正常情况下，每个人都有从善心理，所以在面对一个被说服对象时要针对对方善良的那一面，来启发和诱导他们。赋予他们一个高尚的理由，接受你的观点。事实证明，这是一种非常行之有效的方法。

2. 用愿景激励

在说服中,把自己的目标换成对方的愿景,让对方明白改变自己的观点后会给别人、给自己带来怎样一个好的影响。然后顺着这条思路,对长远有一个美好的期许。这将激发对方接受你。

3. 用真诚的态度

当一个人觉得你是真正认为他诚实、公道、正直的时候,他就会努力去印证你的直觉!所以,你需要给对方表现他高尚的机会或借口,这样才能更好地处理你和对方之间存在的问题。

总之,没有一个方法可以确保适用于任何人,可以在任何情况下都能产生好的效果,但是当你没有任何主意的时候,不妨尝试一下这个方法。

抓住对方的心理,把话说到点子上

要想让对方接受你的劝说,首先要了解对方的心理,再通过对方感觉不到的小小的压力渐渐地使他消除戒备心理,这是很奏效的。

与人交谈时,话题的展开如果能迎合对方的心理,就能以更加牢固的纽带来连接双方心理上的"齿轮",增进彼此的情感交流。我们往往都认为,只要说得有理对方就一定能接受,但是,要使对方真正理解并能彻底接受,就应该将沟通渠道建立在这种理论对话下的心理上。

小吴大学毕业以后决心自谋职业。一次，他在一家报纸的广告里看到某公司征聘一位具有特殊才能和经验的专业人员。小吴没有盲目地去应聘，而是花费很多精力，广泛收集该公司经理的有关信息，详细了解这位经理的奋斗史。那天见面之后，小吴这样开口：

"我很愿意到贵公司工作，我觉得能在您手下做事，是最大的光荣。因为您是一位依靠奋斗取得事业成功的人物。我知道您28年前创办公司时，只有一张桌子、一位职员和一部电话机，经过您的艰苦奋斗，才有了今天的事业。您这种精神令我钦佩，我正是奔着这种精神才前来接受您的挑选的。"

所有事业有成的人，差不多都乐于回忆当年奋斗的经历，这位经理也不例外。小吴一下子就抓住了经理的心，这番话引起了经理的共鸣。因此，经理乘兴谈论起他自己的成功经历。小吴始终在旁洗耳恭听，以点头来表示钦佩。最后，经理向小吴很简单地问了一些情况，终于拍板："你就是我们所需要的人。"

要想把话说到点子上，就必须抓住对方的心理。如果不知对方心理所想所需，是无法说到点子上的。就像一个神枪手，如果蒙上他的眼睛，再让他去找一个目标，那么，他只能凭感觉去打，这是难以击中目标的。所以，与人说话时，必须要洞察、迎合对方的心理，才能说到点子上。

利用人们的逆反心理来说话

"请不要阅读第七章第七节的内容。"这是一个作家写在其著作扉页上的一句饶有趣味的话。后来,这个作家做了一个调查,不由得笑了,因为他发现绝大部分的读者都是从第七章第七节开始读他的著作的,而这就是他写那句话的真正目的。

当别人告诉你"不准看"时,你就偏偏要看,这就是一种"逆反心理"。这种欲望被禁止的程度愈强烈,它所产生的抗拒心理也就愈大。所以如果能善于利用这种心理倾向,不仅可以将顽固的反对者软化,使其固执的态度发生180度的大转变;而且可以打破对手原有的意念,让他按你的意思去办。

逆反心理并不是只有在那种顽固的人身上才有,其实每个人身上都长着一根"反骨"。

某报曾连载过一篇以父子关系为主题的记事文章《我家的教育法》,叙述了某社会名人的孩子在学校挨了顿骂后便非常怨恨他的老师,甚至想"给他一点颜色瞧瞧",他父亲听了也附和道:"既然如此,不妨就给他点颜色看。"但接着又说:"纵使你达到报复的目的,但你却因此而触犯了法律,还是得三思才是。"听父亲这样一说,儿子便打消了报复的念头。

据说明朝时,四川的杨升庵才学出众,中过状元。因嘲讽过皇帝,所以皇帝要把他发配到很远的地方去。

杨升庵想：发配还是离家乡近一些好。于是就对皇帝说："皇上要把我发配，我也没话说。不过，我有一个要求。"

"什么要求？"

"宁去国外三千里，不去云南碧鸡关。"

"为什么？"

"皇上不知，碧鸡关呀，蚊子有四两，跳蚤有半斤！切莫把我发配到碧鸡关呀！"

"唔……"

皇帝不再说话，心想：哼！你怕到碧鸡关，我偏要叫你去碧鸡关！杨升庵刚出皇宫，皇上马上下旨：杨升庵发配云南！

杨升庵利用"对着干"的心理，达到了自己要去云南的目的。

可见，无论男性女性、长者幼儿，他们内心多多少少都带有一些逆反心理，只要我们善于抓住那一根这一点，把自己的事情处理好。这的确不失为一种省心省力又奏效的说服方法。

用富有热情和感染力的语言影响对方

你的目标如果是说服对方，请记住动之以情比晓之以理效果更好。

要激起情感，自己必须先热情如火。不管一个人能够编造出多么精妙的词句，不管他能搜集多少例证，不管他的声音多美妙，手势多优雅，倘若不能真诚讲述，这些都只是耀眼的装饰罢了。

要使听众印象深刻,先得自己有深刻印象。你的精神由于你的双眼而闪亮发光,由于你的声音而辐射四方,并由于你的态度而自我焕发,它便会与听众产生共鸣。

每次演讲时,特别是在自认为目的是要说服听众时,你的一举一动总是决定着听众的态度。你如果缺乏热情,他们也会冷淡。"当听众们昏昏欲睡时,"亨利·沃德·比彻这么写道,"只有一件事可做,给招待员一根尖棒,让他去狠刺演讲者。"

一次,在哥伦比亚大学,卡耐基是三位被请上台去颁发"寇蒂斯奖章"的裁判之一。当时有六位毕业生,全都经过精心准备,全都急于好好表现自己。他们绞尽脑汁只为获得奖章,而少有或根本没有说服的欲望。

他们选择题目的唯一标准,是这些题目容易在演讲中发挥。没有人对他们的演讲感兴趣,他们一连串的演讲仅是一种艺术表演而已。

唯一的例外是一位来自非洲的王子。他选的题目是"非洲对现代文明的贡献"。他所吐露的每个字里都包含着强烈的情感。他的演讲是出于信念和热情的活生生的东西,而不仅仅是表演。他演讲时如同他是祖国的代表,是他那片大陆的代表——充满智慧、品格高尚、满腔善意。他带给人们一种信息,就是他的人民的希望;他也同时带来一项请求,即渴望听众的了解。

虽然在演讲技巧方面他可能不比竞争者中的另外几位表现更

佳,但裁判们还是把奖章颁给了他。

由此可见,仅运用理智是不能在演讲中把自己的个性投射于别人身上的,必须展现出你对于自己所讲的内容有多么深挚的信念。

避免争论,绕过矛盾

卡耐基说:"我们绝不可能对任何人——无论其智力的高低——用口头的争斗改变他的思想。"

一个过于争强好胜的人面临着两种选择:要么是暂时的、表演式的、口头的胜利;要么是他人对你的长期好感。很少有两者兼得的情况。而我们有些人总是喜欢与人舌战不休,与人拍桌打椅,争得面红耳赤、嗓音嘶哑,而最后的结果只有一个:徒劳无益。因为即使他争赢了,但这种表面的胜利实无大益;而且会损伤对方的自尊,影响对方的情绪。若是争输了,当然自己也不会觉得光彩。所以,最好的策略就是避免与人争论。

卡耐基在人际关系上也有过失误,第二次世界大战刚结束的某一天晚上,他在伦敦参加一场宴会。宴席中,坐在他右边的一位先生讲了一段幽默故事,并引用了一句名言。那位健谈的先生说,他所引用的那句话出自《圣经》。

"他错了,"卡耐基回忆说,"我很肯定地知道出处。为了表现优越感,我很无礼地纠正了他。"但他立刻反唇相讥:"什么?出自莎士比亚？不可能！绝对不可能！那句话出自《圣经》。"

我的老朋友法兰克·格孟坐在我左边。他研究莎士比亚的著作已有多年，于是我俩都同意向他请教。格孟听了，在桌下踢了我一下，然后说："戴尔，你错了，这位先生是对的。这句话出自《圣经》。"

那晚回家的路上，我对格孟说："法兰克，你明明知道那句话出自莎士比亚。""是的，当然，"他回答，"哈姆雷特第五幕第二场。可是亲爱的戴尔，我们是宴会上的客人。为什么要证明他错了？那样会使他喜欢你吗？为什么不给他面子？他并没问你的意见啊。他不需要你的意见。为什么要跟他抬杠？永远避免跟人家正面冲突。"

"永远避免跟人家正面冲突。"卡耐基谨记了这个教训。

小时候，卡耐基是个积重难返的杠子头，他和哥哥曾为天底下任何事物都抬过杠。进入大学，他又选修逻辑学和辩论术，也经常参加辩论比赛。他曾一度想写一本这方面的书，他听过、看过、参加过，也批评过数千次的争论。这一切的结果，使他得到一个结论：天底下只有一种能在争论中获胜的方式，就是避免争论，要像躲避响尾蛇那样避免争论。

十之八九，争论的结果会使双方比以前更相信自己的正确性。你不能辩论得胜。你不能，因为如果你辩论失败，那你当然失败了；如果你获胜了，你还是失败的。为什么？假定你胜过对方，将他的理由击得漏洞百出，并证明他是神经错乱，那又怎样？你觉得很好,但他怎样?你使他觉得脆弱无援,你伤了他的自尊,他要反对你的胜利。因为"一个人即使口服,但心里并不服"。

波恩互助人寿保险公司为他们的推销员定了一个规则:"不要辩论!"真正的推销术,不是辩论,也不能类似于辩论。人类的思想不是通过辩论就可以改变的。

可能有人会说,真理只有一个,如果牺牲自己的正确主张而去同意对方的主张,那不是牺牲真理而去服从谬误了吗?其实不然,我们当然要拥护真理,我们当然不可以牺牲真理去服从那些不合理的主张。然而,在某些场所,虽然表面上你是牺牲真理而去迁就对方,实际上真理并不会因此而动摇。

事实上,避免争论可以节省你的大量时间和精力,使你投入到完善你的观点和实践你的观点的工作中去。完全没有必要浪费太多的精力去干那种没有结果也毫无意义的事情。少了面红耳赤的争论,只会使双方相互尊重,从而增进友谊,有利于思想交流和意见的交换。

通常,我们可以从以下几方面来避免与人争论:

1. 欢迎不同的意见

当你与别人的意见始终不能统一的时候,这时就要求舍弃其中之一。人的脑力是有限的,有些方面不可能完全想到,因而别人的意见是从另外一个人的角度提出的,总有些可取之处,或者比自己的更好。这时你就应该冷静地思考,或两者互补,或择其善者。如果采取了别人的意见,就应该衷心感谢对方,因为有可能此意见使你避开了一个重大的错误,甚至奠定了你一生成功的基础。

2. 不要相信直觉

每个人都不愿意听到与自己不同的声音。每当别人提出与你不同的意见时,你的第一个反应是要自卫,为自己的意见进行辩护并竭力地去寻找根据。这完全没有必要,这时你要平心静气、公平、谨慎地对待两种观点(包括你自己的),并时刻提防你的直觉(自卫意识)对你做出正确抉择的影响。值得一提的是,有的人脾气不大好,听不得反对意见,一听见就会暴躁起来。这时就应控制你的脾气,让别人陈述自己的观点,不然,就未免气量太小了。

3. 耐心把话听完

每次对方提出一个不同的观点,不能只听一点就开始发作。要让别人有说话的机会。这样一是尊重对方,二是让自己更多地了解对方的观点,好判断此观点是否可取,努力建立了解的桥梁,使双方都完全知道对方的意思,不要弄巧成拙;否则的话,只会增加彼此沟通的障碍和困难,加深双方的误解。

4. 仔细考虑反对者的意见

在听完对方的话后,首先想的就是去找你同意的意见,看是否有相同之处。如果对方提出的观点是正确的,应放弃自己的观点,而考虑采取他们的意见。一味地坚持己见,只会使自己处于尴尬境地。因为照此下去,你只会做错。而到那时,给你提意见的人会对你说:"早已给你说了,还那么固执,知道谁是对的了吧!"这时,自己怎么下台?所以为避免出现这种情况,最好是给对方一点时间,把问题考虑清楚,而不要诉诸争论。建议当天稍后或第二天再交换意见。这使双方都有时间,把所有事实都考虑进去,以找出最好的方案。

这时就应进行一下反思:"反对者的意见,是完全对的,还是有部分是对的?他们的立场或理由是不是有道理?我的反应到底是有益于解决问题还是仅仅会减轻一些挫折感?我的反应会使我的反对者远离我还是亲近我?我的反应会不会提高别人对我的评价?我将会胜利还是失败?如果我胜利了,我将要付出什么样的代价?如果我不说话,不同的意见就会消失了吗?这个难题会不会是我的一次机会?"

5. 真诚对待他人

如果对方的观点是正确的,就应该积极地采纳,并主动指出自己观点的不足和错误的地方。这样做了,有助于解除反对者的武装,减少他们的防卫,同时也缓和了气氛。同时要明白,对方既然表达了不同的意见,表明他对这件事情与你一样的关心。因而不要把他们当作防卫的对象,不能因为提出了不同的意见就把他们当作"敌人";反而应该感谢他们的关心和帮助。这样,本来也许是反对你的人也会变成你的朋友。

所以,你要说服对方,就请遵循说服的一个原则:唯一能从争辩中获得好处的办法是避免争辩。

顺言逆意归谬法，让强势的他也点头

实践已使许多人懂得，当我们面对强势、恶势的人，或者固执己见的人时，直接反驳其错误会有诸多的不便，而最有效、最巧妙的方法当属归谬说服方式了。

所谓归谬说服，与直接反驳对方的错误观点大相径庭，而是先假设对方的观点言之有理，然后据此引申出一个连对方也不得不承认其荒谬的结论，从而心甘情愿地放弃原有的错误观点和主张，无条件地接受说服者输出的思想信息。

优孟是楚国的艺人，身高八尺，喜欢辩论，常常用诙谐的语言婉转地进行劝谏。

楚庄王有一匹心爱的马，他给它穿上锦绣做的衣服，让它住在华丽的房子里，用挂着帷帐的床给它做卧席，用蜜渍的枣干喂养它。结果马得肥胖病死了，于是庄王让臣子们给马治丧，要求用棺椁殡殓，按照安葬大夫的礼仪安葬它。群臣纷纷劝阻，认为不能这样做。庄王急了，下令说："有谁敢因葬马的事谏净的，立即处死。"

优孟听到这件事，走进宫门，仰天大哭。庄王吃了一惊，问他为何而哭。优孟说："这马是大王所心爱的，堂堂的楚国，只按照大夫的礼仪安葬它，太寒碜了，请用安葬国君的礼仪安葬它吧。"庄王问："怎么葬法？"优孟回答说："我建议用雕花的玉石和花纹精美的樟木分别做内、外层棺材，发动士兵给它挖掘墓穴，让年老体弱的人背土筑坟，请齐国、赵国的代表在前面陪祭，请韩国、魏国的代表在后头守卫，要盖一所庙宇，用牛羊猪祭供它，还要拨个万户的大县长年管祭祀之事。我想各国听到这件事，就都知道大王轻视人而重视马了。"庄王说："我的过错竟然到了这个地步吗？现在该怎么办呢？"优孟说："让我替大王用对待六畜的办法来安葬它。堆个土灶做外椁，用口铜锅当棺材，调配好姜枣，再加点木兰，用稻米做祭品，用火光做衣服，把它安葬在人们的肚肠里吧！"庄王当即就派人把死马交给太官，以免天下人张扬这件事。

在说服他人的过程中，抓住对方观点中隐蔽的荒谬点，加以推衍，或由此及彼，或由小到大，或由隐到显，最后得出一个荒谬可笑的结论，从而攻破对方错误的论点。这种说服方法用在对待某些恶人时，会达到一种辛辣讽刺的效果，使其知难而退，从而达到软性说服的目的。

说服可以说是无处不在的，面对朋友、家人、同事，甚至陌生人时，说服都有可能发生。而当我们面对强势或恶势的时候，说服尤为困难，在这两者面前，说服最适宜采用归谬说服的方法。

用商量的口吻向对方提建议，柔中取胜

任何人都是有自尊、讲面子的，所以，在说服他人的过程中，多用与他商量的口气给他提建议，少下命令，这样不但能避

免伤害别人的自尊，而且会使他们觉得你平易近人，进而乐于接受你的建议，与你友好地合作。

张先生在工商界是赫赫有名的，他很懂得这个道理。据说他从不用命令式的口吻去说服别人，他要别人遵照他的意思去工作时，总是用商量的口气去说。譬如有人会说："我叫你这么做，你就这么做。"他从不这么说，而是用商量的口气说："你看这样做好不好呢？"假如他要秘书写一封信，他把大意和要点讲了之后，再问一下秘书："你看这样写是不是妥当？"等秘书写好请他过目，他看后觉得还有要修改的地方，又会说："如果这样写，你看是不是更好一些？"他虽然处于发号施令的地位，可是却懂得别人是不爱听命令的，所以不用命令的口气。

张先生的这种做法，使得每个人都愿意和他相处，并乐于按他的意愿做事。所以，当我们要说服某个人时，最好也多用建议的口吻。

肖恩是一所职业学校的老师，他有一个学生因故迟到了，肖恩以非常严厉的口吻问道："你怎么能浪费大家的时间？不知道大家都在等你吗？"

当学生回答时，他又吼道："你回去吧，既然不想听我的课，以后也不用来了。"

这位学生是错了，不应该不先打个招呼，耽误了其他同学上课。但从那天起，不只这位学生对肖恩的举止感到不满，全班的学生都与他过不去。

他原本完全可以用不同的方式处理这件事,假如他友善地问:"你有什么事情要处理吗?问题解决了吗?"并说:"如果你这样有事情不事先通知,大家的课程也都耽误了。"这位学生一定很乐意接受,而且其他的同学也不会那么生气了。

所以,要说服他人最好别用命令的口吻,不然,不但达不到你想要的说服效果,还可能使事情越弄越糟。多使用建议的口吻,通过这种方法,人们便会很愿意改正他们的错误,而且维护了对方的自尊,使他们认为自己很重要,并配合你的工作,而不是反抗你。

必要时刻,向对方适当提出挑战

对有些事情,当我们靠批评惩罚,或者表扬的手段解决不了的时候,我们可以考虑这样一种策略——给他人提出一种挑战,然后让他们自我面对。这也许比我们手拿鞭子紧随其后的效果要好得多。因为他们更清楚自己眼下的处境,更明白自己应该怎么去做。

查尔斯·史考伯曾说过:"要使工作能圆满完成,就必须激起竞争,提出挑战,激起超越他人的欲望。"史考伯是这么说的,也是这么做的。

有一次,史考伯到他的一家工厂去,工厂经理来反映他的员工一直无法完成他们分内的工作。

他说:"我向那些人说尽好话,我又发誓又诅咒,我也曾威胁要开除他们,但一点用也没有,还是无法达到预定的生产效率。"

当时日班已经结束,夜班正要开始。史考伯要了一根粉笔,然后,他问最靠近他的一名工人:"你们这班今天制造了几部暖气机?""6部。"史考伯不说一句话,在地板上用粉笔写下一个大大的阿拉伯数字6,然后走开。

夜班工人进来时,他们看到了那个"6"字,就问这是什么意思。

"大老板今天到这儿来了,"那位日班工人说,"他问我们制造了几部暖气机,我们说6部。他就把它写在地板上。"

第二天早上,史考伯又来到工厂。夜班工人已把"6"擦掉,写上一个大大的"7"。

日班工人早晨来上班时,看到了那个很大的"7"字。原来夜班工人认为他们比日班工人强,是吗?好吧,他们要向夜班工人还以颜色。他们努力地加紧工作,那晚他们下班时,留下一个颇具威胁性的"10"字。情况显然逐渐好转。

不久,这家产量一直落后的工厂,终于比其他工厂生产得更多。

足见,史考伯将"向对方适当提出挑战"的策略运用得如此恰到好处。其实,这招在政治领域同样适用。如果没有人向他提出挑战,西奥多·罗斯福可能就不会成为美国总统。当时,这位义勇骑兵队的一员刚从古巴回来,就被推举出来竞选纽约州州长。结果,反对党发现他不是该州的合法居民,罗斯福吓坏了,想退出。但这时,托马斯·科力尔·普列特提出挑战。他突然转身面对罗斯福,大声喊道:"圣璜山的这位英雄,难道只是一名懦夫?"罗斯福在这一激将之下继续奋斗下去,其余的事情就已成历史了。一个挑战不只改变了他的一生,而且也影响了一个国家的命运。

挑战的巨大力量,这个道理史密斯也知道。

当史密斯担任纽约州州长时,就遇到过这样一个问题。"猩猩监狱"是一个臭名昭著的监狱,没有狱长,许多黑幕及丑恶的谣言在狱中汹涌传出。史密斯需要一位强有力的铁一般强硬的人去治理这个监狱,他召来了劳斯。

"去照顾'猩猩'如何?"当劳斯在他面前的时候,他愉快地说,"他们那里需要一个有经验的人。"

劳斯窘了,他知道"猩猩监狱"的危险,那是一个不讨好的差使。受政治变化的影响,狱长一再更换,有一位任职只有3个星期。劳斯在考虑他的终身事业,那儿值得他冒险吗?

史密斯看出了他的犹豫,往后一倚,微笑着说:"年轻人,我不怪你害怕,那不是一个太平的地方,那里确实需要一个大人物去治理。"

正是史密斯提出了这样一个挑战,劳斯喜欢尝试需要一个大人物的工作的意念,所以他去了,并成为在那儿任职最久的、最著名的狱长。他所著的《在"猩猩"的两年里》售出了几十万册。他曾应邀在电台讲话,他在"猩猩"生活的故事被拍成了数十部电影。他给罪犯"人道化"的做法造就了许多监狱改革的奇事。

那是任何成功者都喜爱的一种竞技,一种表现自己的机会;那是证明自身价值、争强斗胜的机会。正如卡耐基所说的那样:"光用薪水是留不住好员工的。还要靠工作本身的竞争……"每个成功的人都喜爱竞争和自我表现的机会,以证明他自己的价值。

所以,如果你要使有精神、有勇气的人接受你的想法,就请记住这个说服的重要原则——提出挑战。

让对方觉得那是他的主意

你是否对自己的想法比别人给你提供的想法更有信心?如果是的,那你为何要将自己的意见强加于人呢?因为如果你的意见确实正确,事实终会证明这一点;如果你的意见不对,你非得强加于人,别人要么不大愿意接受;要么接受后对他自己产生不利的后果,那你的意见不就成了一种罪过吗?所以我们何不采取一种更好的策略:只向他人提供自己的看法,而由他最后自己得出结论!

没有人喜欢被迫购买或遵照命令行事。如果你想赢得他人的合作,就要征询他的愿望、需要及想法,让他觉得是出于自愿。

费城的亚道夫·塞兹先生,突然发现他必须给一群沮丧、散漫的汽车推销员灌输热忱。他召开了一次销售会议，要求这些推销员把希望从他身上得到的个性都告诉他。在他们说出来的同时，他把他们的想法写在黑板上。然后，他说："我会把你们要求我的这些个性，全部给你们。现在，我要你们告诉我，我有什么权利从你们那儿得到东西。"回答来得既快又迅速：忠实、诚实、进取、乐观、团结，每天热情地工作 8 小时。有一个人甚至自愿每天工作 14 个小时。会议之后，销售量上升得十分可观。

塞兹先生说："只要我遵守我的条约，他们也就决定遵守他们的。向他们探询他们的希望和愿望，就等于给他们的手臂打了他们最需要的一针。"

同样，美国陆军上校爱德华·荷斯的例子，用在此处，也是很好的证明。

陆军上校爱德华·荷斯，曾在威尔逊任总统时期，在许多重要事件上发挥了相当的影响力。威尔逊十分倚重荷斯的见解。

荷斯是用什么方法去影响威尔逊总统的呢？他后来曾透露过这个秘密，那是经由亚瑟·史密斯在《星期六邮报》上发表出来的：

"'我比较了解总统的脾气个性之后，就比较知道该如何改变他的想法。'荷斯说道，'要想改变威尔逊总统的观念，最好是在无意间把一个观念深植在他脑海里。当然，这不但要先引起他的兴趣，而且要不违背他的利益。我也是在无意间发现这个方法。因为有一次我在白宫同他讨论一个政策，他本来相当反对我的看法，但几天之后，在一个晚宴上，他却向别人提出我的意见，只是那时已变成他的看法。'"

荷斯是个聪明人，不在乎由谁来表达那个意见。荷斯要的是结果，所以，他便让威尔逊觉得那是他自己的看法，甚至连众人也觉得如此。

让我们再次记住：我们所碰到的许多人，都具有像威尔逊一样的人性。所以，让我们也采用荷斯上校的做法吧！

一次，卡耐基正计划前往加拿大的纽布伦克省去钓鱼、划船，便写信给观光局索取资料。一时间，大量信件和印刷品向他寄来，不知该如何选择。后来，加拿大有个聪明的营地主人寄来一封信，内附许多姓名和电话号码，都是曾经去过他们营地的纽约人。并希望卡耐基打电话询问这些人，便可详细明了他们营地所提供的服务。

卡耐基在名单上发现了一个朋友的名字，便打电话给那位朋友，询问种种事宜。最后，又打了个电话通知营地主人他到达的日期。

卡耐基说："有许多人想尽办法向我推销他们的服务，但有一个却让我推销了我自己。那个营地主人赢了。"

确实如此，没有人喜欢被强迫购买或遵照命令行事。我们宁愿出于自愿购买东西，或是按照我们自己的想法来做事。我们很高兴有人来探询我们的愿望、我们的需要，以及我们的想法。

众所周知，西奥多·罗斯福在担任纽约州州长的时候，他一方面和政治领袖们保持良好的关系,另一方面又强迫他们进行一些他们十分不高兴的改革。很多人都不解,他究竟是怎么做到的。看完下面的内容,相信你会找到答案的。

当某一个重要职位空缺时,他就邀请所有的政治领袖推荐接任人选。"起初,"罗斯福说,"他们也许会提议一个很差劲的党棍,就是那种需要'照顾'的人。我就告诉他们,任命这样一个人不是好政策,大家也不会赞成。"

"然后他们又把另一个党棍的名字提供给我,这一次是个老公务员,他只求一切平安,少有建树。我告诉他们,这个人无法达到大众的期望。接着我又请求他们,看看他们是否能找到一个显然很适合这一职位的人选。他们第三次建议的人选,差不多可以,但还不太好。接着,我谢谢他们,请求他们再试一次,而他们第四次所推举的人就可以接受了,于是他们就提名一个我自己也会挑选的最佳人选。我对他们的协助表示感激,接着就任命那个人,还把这项任命归功于他们。"

记住,罗斯福尽可能地向其他人请教,他让那些政治领袖们觉得,他们选出了适当的人选,完全是他们自己的主意。

被尊为圣人的老子曾说过:江海所以能为百谷王者,以其善下,故能为百谷王。是以圣人欲上民,必以言下之;欲先民,必以身后之。是以圣人处上而民不重,处前而民不害。

所以,如果你要说服别人,你应该遵守说服的又一大原则:让别人觉得那是他们的主意。

先获得对方的好感,再委婉地商量

要想在一场谈话中开个好头,就要先获得对方的好感,趁对方心神愉快时再提出自己的观点,相信对方更容易虚心接受,而且还会感激你。但如果你较为直接地提出自己的观点,纵然出发点是好的,也难免会激起对方逆反的情绪,甚至导致适得其反的结果。

一名广告设计师魏明为客户做了一个方案,连续改了几次,客户还不是很满意,魏明也很不耐烦,说什么也不想改了。老板让魏明的好朋友黄雨去说服魏明再修改方案。黄雨开始也不知道怎么说才算好,后来他想了一下,就去对魏明说:"最近你搞的方案应该是不错的,比较漂亮,老板看了也说好。不过,有个问题想跟你探讨一下,就是内容上可以再精确一些。我帮你一起搞怎么样?"

黄雨说的话先扬后抑,语气婉转,听不出有什么批评的意思,魏明自然容易接受,事情也就顺利解决了。显而易见,人都容易先入为主,前面赞扬的话让他很受用,后面的意见听起来就是好意,对方自然就听得进了。所以无论在对朋友说话还是说服别人时,都应该以礼相待,注意说话时的语气口吻,像"不过""当然""如果""可能""能否"这些委婉的词语应该多多使用,双方就容易沟通和交流。

说服一个人是否能成功,很大程度上取决于说服时采用的态度和方式。没有哪个人喜欢被别人指手画脚,如果一味地讲道理或再三强调自己的看法,不难发现,除了别人的厌恶和不满之外,将一无所获。虽然古话说"良药苦口利于病,忠言逆耳利于行",假如良药不再苦口,效果或者会更好。

  一位13岁的男孩辍学了,整天无所事事,打着"自己养活自己"的幌子,离家出走找工作,几夜未归,结果工作没找到,自己没能养好自己,反倒参加了一次打群架。母亲望着一身野气、又瘦又脏的孩子,痛楚了几天的心更加痛楚。疼、气、爱、恨以及对未来的忧虑,使她一下不知从何说起。顿了一下,她说:"妈妈心里明白,你出去是为了找工作,为了给自己、给父母争气,也为了减轻妈妈的负担,让妈妈看到你成人而高兴。你能这么懂事,体谅大人,我很高兴。但是……"看到儿子羞愧地低下了头,妈妈又转了话锋,"不管怎样,你已经知道怎样对自己负责了,妈妈相信你以后不会做出对自己前途没好处的事。"

  这位母亲没有吵嚷、打骂,而是先给予孩子肯定,再委婉地提出自己的意愿。由此可以看出,好的谈话者常能够从对方的心中找出容易接纳自己的点,从而缩短与对方的距离,获得对方的好感。

  如果在说服中一定要说一些对方不容易接受的话,比如明确指出对方的缺点错误或改变对方的观点时,首先要考虑到对方能否接受。如果一开口就直指问题,对方肯定会有抵触情绪,这时候,绕个弯子说问题就显得很有必要了,先讲一些对方爱听的话,或者赞扬对方一番,然后再转入正题,就能达到想要的效果。

  当然为了获得对方的好感并不是无原则地一味讨好、迁就对方，而是指在坚持原则的前提下，更好地把握说话的分寸和方式。生活中，每个人都是平等的，想得到最佳的说服效果，不妨在说话的前面，先做好一层甜蜜融洽的铺垫，让对方在欢愉中接受和肯定。

寻找对方感兴趣的话题或是满足对方情感方面的某种需要，就能赢得对方的好感，再适时地提出自己的观点，这是使得说服取得圆满成效的一条捷径：

1. 寻求与对方保持一致

当你试图说服对方时，如果你越是使自己等同于他，就越具有说服力。因为你和他的相似度越高，他就越认同你，把你当成自己人。你的言行在他看来，就代表着他的需求，对你的好感多过于排斥，这时你再委婉地提出自己最初的想法，对方就比较容易接受。

2. 创造友好的谈话气氛，与对方推心置腹

努力创造一种热情友好、轻松愉快的谈话气氛，从而消除对方的猜疑、警惕、排斥心理，这对后面说服工作的达成起很大作用。在说服对方的过程中，能否让对方感受到被尊重，不仅会影响到对方的心态、情绪，而且会影响到说服的效果。对方如果觉得自己在谈话中受到尊重，往往会变得更友好和热情。相反，如果对方的自尊心受到伤害，他常常会变得冷淡、消极、不服气或恼怒，甚至会反唇相讥以示愤怒，个别气量狭小者还有可能不顾一切后果图谋报复。

总而言之，在应用这种说服策略时，最关键的一点就是在给予别人认可和称赞以获得对方好感时，一定要表现出足够的真诚，千万不要表现出是在敷衍了事，这样会引起对方的反感，从而无法达到想要的结果。

示弱的话让你赢得别人的同情

弱者更能引起别人的同情，同样地，说一些示弱的话更容易打动人心。

在日常生活中，巧用悲切的、示弱的语言，与对方拉近距离，使对方产生"同命人"之感，从而唤起对方的同情，也不失为说服人的一个好方法。

说示弱的话，是有技巧的，你不妨试试下面的方法：

1. 把不幸形象化、具体化

把不幸形象化、具体化是指避免直接、抽象地陈述不幸者所承受的痛苦，而将这些痛苦形象化，使之成为人们可感可触的东西。

因为抽象的表述再翔实也无法充分调动人们复杂丰富的感受，只有当这些不幸和痛苦凸显化、立体化，成为可感可触的东西时，人们才会产生联想，才会有真切的体验，内心的同情与感动才会被激发出来。

一个寒冷的冬天，纽约一条繁华的大街上，有一个双目失明的乞丐。乞丐的脖子上挂着一块牌子，上面写着："自幼失明。"

有一天，一个诗人走近他身旁，他向诗人乞讨。诗人说："我也很穷，不过我给你点别的吧。"说完，他便随手在那乞丐的牌子上写了一句话。

那一天，乞丐得到很多人的同情和施舍。后来，他又碰到那个诗人，很奇怪地问："你给我写了什么呢？"

诗人笑笑，念着牌子上他写的句子："春天就要来了，可我不能见到它。"

为什么"自幼失明"四个字换成了"春天就要来了，可我不能见到它"乞丐就得到更多的同情和施舍了呢？这正是因为后者比前者更具体、更形象，不但暗含了"失明"这一不幸事实，而且表达了乞丐渴望像街上行人一样亲眼看到春天的心理感受。人们看到这句发自内心的独白，自然会联想到自己的幸运，从而对乞丐的不幸给予深深的同情。

2. 强调信任与背叛的反差

这种说法是指细致描述不幸者对背叛者毫无保留的信任和关爱，突显出背叛者可恨可耻，激发人们对不幸者的同情。

每个人恐怕都有被自己信任的人出卖的挫折体验，这种体验不仅让我们对背叛者深感痛恨，而且内心里会产生说不出的委屈与酸楚，我们对背叛者付出的信任和关爱越多，这种委屈与酸楚就会越强烈。针对这一心理，我们可以强调背叛者的背叛不仅仅给爱他的人带来了利益上的损失、肉体上的伤害，更重要的是给其带来了巨大的心灵痛苦。相似的体验会激起人们强烈的心灵共鸣，使他们无法不动情。

恺撒遇刺后，在安葬恺撒时，他的旧部安东尼发表了极为动人的演讲。在演讲的高潮部分，安东尼走下讲台，站在恺撒尸体旁，对着听众们说："你们要是有眼泪，现在就尽情地掉吧。恺撒穿的这件大袍，是你们大家熟悉的。我还记得，恺撒第一次穿上这件大袍的时候，是在一个夏天的晚上，那天正是征服爱威领地的光辉日子。现在你们看：卡西乌斯的刀子是从这里刺进去的；加斯加在这里捅了一刀；这个地方，正是恺撒最宠爱的布鲁图斯刺穿的。刀子抽出来时，恺撒鲜血淋漓，好像已跑出门来问：'恺撒是那样爱布鲁图斯啊，难道布鲁图斯也忍心下此毒手吗？'啊！天知地知，恺撒是何等爱布鲁图斯，这一刀，是无情无义的一刀。恺撒看见他们都来杀他，'无情'两字所造成的伤痛会比刀伤厉害得多。各位，请想一想，这是怎样一个大冤劫啊！照这样下去，你我不都是在劫难逃吗？你们怎么也哭起来了？我发现你们也是有天良的人啊，大家都在同洒伤心之泪，你们这些善良的人，才看见恺撒的一件衣服就如此悲痛，你们还没有看见他的尸体呢，他的尸体在这里，你们看，被这些大逆不道的叛徒弄成这个样子了！"

在这段演讲中，安东尼没有过多地强调背叛者的刀刃给恺撒带来的肉体痛楚，而是强调恺撒对仇敌们糊涂的信任与爱，强调这场背叛给恺撒带来的心灵痛苦。人们看到这样一位杰出的领导者竟因为对部下的宠信而遭到如此不幸的结局，这种"恩将仇报"的冷酷现实无法不令他们的内心掀起巨大的波澜。

第四章

博弈说服：
占据制高点逼他就范的策略思维

制造别无他选的困境,来诱导他人

古罗马政治家布鲁图斯在恺撒被刺杀之后有一场演说:"你们是希望让恺撒死,而你们大家过自由的日子;还是希望让恺撒活着,而你们都沦为奴隶终至死亡?这两种你们所要选择的是什么?"

布鲁图斯的演讲,给出了当时长老院的长老们这样两个选择,再没有其他可以选择的方法,迫使他们从"自由"或"死亡"之中进行选择。而很显然,自由比死亡看上去是更有好处、更有意义的。所以,最后的结局可想而知,长老院最终选择了自由,而布鲁图斯也因此获得了胜利。

其实,这就是一种制造别无他选的困境的攻心战术,它的要点就是给人提供有且只有的两个选择,而且其中的一个选择必然好于另一个选择,再没有其他什么选择的余地,于是就可以达到普遍认同,而最终选择其中的好的一个。

在现实生活中,我们时常会面临着一些选择,很难下定决心,但是如果犹豫不决,就可能失去机会,在左右摇摆中浪费时光。此时就要善于把自己引导到别无他选的境地,这样做选择就会容易一些。比如,当有人面对着是否该换工作,而无法下定决心时,就可以对他说:"你是要换个工作,开拓新的人生呢,还是要继续在这里虚度余生?"对方在这两个选项中,自然会容易做出选择。

设置的两个选择没有优劣之分,还是会让人无法做出决定,虽说"鱼和熊掌不可兼得",但是"二者皆吾所欲也",没有太大的差别,很难让人取舍。因此,我们还要强调两个选择中哪个更优,哪个更劣。有着这样的一个对比,就更容易让人做出选择了。

当美国还是英国的殖民地时,为了摆脱英国的统治,帕特里克·亨利说过这样一句话:"不自由,毋宁死。"这句话被称为是独立战争的宣言。其实选择一个什么样的独立宣言,对当时的美国人来说是非常重要的,因为万一失败,就会招致不可估量的惨重后果。而且当时的代议员对于局势也很迷惑,于是要人民自己做个决定,帕特里克就采用了两者选一的方法,而且使两个选项形成强烈的对比,使得人们都能做出最明智的选择。当时,他说的很多话都成了流传后世的名言,如"要锁链还是要隶属""要英国还是要战争"以及"不自由,毋宁死"等等。

强调两个选项中其中一项的缺点或者优点,使两个选项形成对比,让人们二者选其一。在一般的情况下,人们一定会选择你所希望的那一个。因为已经别无他择了,选其中看起来更好一点的是最明智的选择。

虽然运用这种方法也常会发生许多障碍，但对于处于迷惑不决中的人，则可以迫使其朝着自己所期望的方向去选择。例如，当你要说服正在选择就业单位的毕业生时，可以说："与其勉强地进入一家好的单位，却因为能力不够而被漠视，进而遭受打击，产生挫败感，还不如进入一家自己能胜任的单位，找回信心，发挥出自己的优势，并且得到有效的提高。"像这种说服方式，则可以帮助对方消除疑虑和犹豫，尽快地做出选择。

在生活中，我们往往会遇到谈判、竞选等场合。在这种场合下，当然是需要做出选择。谁都想让对方选择和自己合作，谁都想要群众选举自己担当职务，但是如果不懂得采取一定的心理战术，则可能会遭受失败。

例如，在某选举大会上，被选举者与其对那些正在犹豫该投票给谁的选民说"选择我，还是选择对方"，不如对选民说"你们是要选择我，让这个公司更加繁荣呢，还是要选择另一名候选人，而使经济变得更为萧条呢"，这样的说辞显然更能够取得明显的效果，更能有效地诱导人们选其中一个有明显希望的人。

制造强大的敌人，引起同仇敌忾

春秋时，吴国和越国是敌国，经常交战。一天，十几个吴人和越人碰巧乘了同一艘渡船，但都互不搭理。

不料，船到江心时，天色骤变、狂风顿起、暴雨如注，巨浪汹涌而来，渡船剧烈地颠簸着，吴国的两个孩子吓得哇哇大哭，越国有一个老太太跌倒在船舱里。老艄公一面竭力掌好船舵，一面让大家速进船舱。另两名年轻的船工，迅速奔向桅杆解绳索，想把篷帆解下来，可一时又解不开。而如果不赶快解开绳索，把帆降下来，船就可能翻掉。

在这千钧一发之际，乘客们都争先恐后地冲向桅杆去解绳索，此时也不分谁是吴人谁是越人了。他们那么默契，配合得就像左右手。

过了一会儿，渡船上的篷帆终于被降下来了，船颠簸得也不那么厉害了。老艄公望着风雨同舟、共渡危难的人们，叹道："吴越两国如果能永远和睦相处，该有多好啊！"

这个故事讲的就是《孙子兵法》中"吴越同舟"这个成语的来历。本来素有恩怨的吴越两国人，在面临更大的敌人，即暴风雨的袭击时，结果为了共同的利益而同心协力、合作默契。由此可见，即使是敌对的双方，当面临更大的敌人时，也会消除夙怨，同仇敌忾。

这种心理真的很微妙，为此，心理学家曾做过一个实验来加以证明：

3个人为一组做简单的"撞球游戏"，谁最后被淘汰，谁就是获胜者。显然，这3个人分别构成了敌对关系。结果显示，如果在比赛中，有一个人遥遥领先，那么其他两个人就会联合起来，共同阻挠领先者得分。

了解了人们普遍存在的这种心理，善加利用，就有可能解除对立者之间的警戒状态，让对方与自己达成一致，获得共赢。例如，具有同等竞争力的中小企业，彼此间难免存在矛盾，进而产生纠纷，甚至会演变到水火不容的地步。这时，如果让对方意识到，如果继续敌对下去，会让某公司，尤其是大公司坐享渔翁之利。这样，对方就会产生一种危机感，不敢再"自相残杀"，让共同的敌人获益了。而原先的那种敌对情绪也就大大减弱了，彼此间的关系也就更加和谐，从而"化敌为友"，积极解决问题，尽可能实现共赢。

其实，"共同的敌人"也未必真的存在，有些时候，可以故意制造一个"假想敌"，甚至可以演"双簧"，一个扮"白脸"，一个扮"红脸"。当然，这必须配合得天衣无缝，否则会弄巧成拙，使对方产生反感。

此外，还有一种情况，就是："共同的敌人"是存在的，但是又不知道具体是哪一个。在这种情况下，仍需要双方的通力合作。例如，在全球的软饮料市场上，可口可乐和百事可乐是前两强，没有其他哪个品牌能够挤进去。这就在于可口可乐和百事可乐这两个"夙敌"的默契配合，他们看不到具体的"共同的敌人"，但是他们在激烈的市场竞争中存在着无数的敌人。所以，无论两个"夙敌"如何激烈地竞争，都不靠打"价格战"来挤对对方。只要防住第三方，他们的市场份额就可以继续维持了，利润也就得到了保证。

在生活中，应坦诚待人，不可钩心斗角。但是，有的时候，还是需要讲究一些策略的。比如，要争取某人的支持，就可以把双方的共同点扩大，找到共同的利益，树立共同的敌人，使对方与自己"同仇敌忾"。这种方法在维护自己的合法、合理权益，而自己又势单力薄时，是有效也有必要的。

如果双方为一点矛盾争得不可开交，就可以制造一个强大的共同敌人，引起同仇敌忾，从而转移对方的注意力，有助于双方"化敌为友"，达成共识。这样才能通力合作，促进共同发展。

迎合他人的自尊心，让他乐于改变

心理学家认为，被尊重是每一个人的心理需要。不管先天条件如何，财富的多少，地位的高低，任何人都需要得到别人的尊重。因而，要想使他人乐于改变，最重要的就是迎合他人的自尊心。

美国心理学家曾做过一个实验，证明了尊重对人产生的巨大影响。

为了调查研究各种工作条件对生产效率的影响，美国西方电器公司霍桑工厂一个大车间的六名女工被选为实验的被试。实验持续了一年多。这些女工的工作是装配电话机中的继电器。

第一个时期，让她们在一个一般的车间里工作两星期，测出她们的正常生产效率。

第二个时期，把她们安排到一个特殊的测量室工作五星期。这里除了可以测量每个女工的生产情况外，其他条件都与一般车间相同，即工作条件没有变化。

接着进入第三个时期，改变了女工们工资的计算方法。以前女工的薪水依赖于整个车间工人的生产量，现在只依赖于她们六个人的生产量。

第四个时期，在工作中安排女工上午、下午各一次5分钟的工间休息。

第五个时期，把工间休息延长为10分钟。

第六个时期，建立了六个5分钟休息时间制度。

第七个时期，公司为女工提供一顿简单的午餐。

在随后的三个时期每天让女工提前半小时下班。

第十一个时期，建立了每周工作五天的制度。

最后一个时期，原来的一切工作条件又全恢复了，重新回到第一个时期。

老板是想通过这一实验来寻找一种提高工人们生产效率的生产方式。的确，工作效率会受到工作条件的影响。然而，出乎意料的是，不管条件怎么改变，如增加或减少工间休息，延长或缩短工作日，每一个实验时期的生产效率都比前一个时期要高。女工们的工作越来越努力，效率越来越高，根本就没关注过生产条件的变化。

这是为什么呢？

之所以会这样，一个重要的原因就是女工们感到自己是特殊人物，受到了尊重，引起了人们极大的关注，因而感到愉快，便遵照老板想要她们做的那样去做。正是因为受到了重视和尊重，所以，她们工作越来越努力，每一次的改变都刺激着她们去提高生产效率。

被尊重的需要是人的一种高级需要。人与人在财富、地位、学识、能力、肤色、性别等许多方面各有不同，但在人格上是平等的。维护自己的人格尊严是人类心中最强烈的愿望。因此，满足被尊重的需要对人来说十分重要。很多时候，人们为了获得尊重，会通过追求流行、讲究时髦、用高档商品、买名牌服装等手段来体现自己的价值。

马斯洛说："尊重需要的满足，能够使人对自己充满信心，对社会满腔热情，体会到自己生活在世界上的用处和价值。"但尊重的需要一旦受到挫折，就会使人产生自卑感、软弱感、无能感，会使人对生活失去基本的信心。

有一个人经常被朋友邀请举办演讲，虽然其中一些人因特殊关系很难拒绝，但他都以巧妙的方式回绝了，朋友们最后也并没有因此而感到不满。他是如何做到的呢？他并没有摆出自己如何忙碌的事实，也没有寻找其他托词，而是表达了对邀请方的感激和为自己无法满足他们的请求的遗憾，随后他又推荐了另外一个演说家。换句话说，他没有给他人一点儿机会来对他的拒绝感到不满，并且很快让人们对其他有可能接受邀请的演说家给予了关注。

余伟是一家食品店的老板，他的一名店员经常粗心大意地把商品的价格标签贴错，并由此引起了混淆和顾客的抱怨，但是暗示、警告和当面批评都对她不起作用。最后，余伟把她叫进了办公室，任命她为价格标签的主管，负责将整个食品店货物架子上的标签都贴在合适的位置上。新头衔和职责让她的工作态度发生了彻底的改变，从此以后她做的工作都很令人满意。

拿破仑当年的做法也如出一辙。他创建了法国荣誉军团勋章，为优秀士兵发放十字勋章，给18位将军授予"法国元帅"的称号，并将自己的军队称为"宏伟之师"。人们批评他在给身经百战的军人颁发"玩具"，拿破仑答道："人类就是被这种玩具统治着的。"

拿破仑使用了授予他人头衔和权威的技巧，即尊重他人，迎合他人的自尊心，这种方法在你身上也能发挥作用。

利用最后时限，让他听从你的指示

柯英是美国著名的谈判专家，在其担任美国某企业的谈判代表期间，曾和日本某企业进行谈判。这次谈判后，柯英对日本的谈判术赞不绝口。那么，日本人使用了怎样的技巧，竟然引得这位鼎鼎有名的谈判专家赞不绝口呢？

当时，柯英与同行的人一到日本羽田机场，就干劲十足地第一个下了飞机。这时，日本企业的谈判代表早已经等在出口处迎接了。日本代表接过柯英的行李，非常有礼貌地领着柯英乘上高级轿车，向着他们早已安排好的高级宾馆驶去。日本企业如此细致入微的款待让柯英非常高兴，也非常感动。在车上闲聊时，日本代表对柯英说："这些都是我们应该做的。您要回去时，我们同样也会替您准备好到机场的车子，但不知您预定的回程班机是哪一天的？"听到对方这样周到的考虑，柯英心中又是一阵感动，非常自然地就从口袋里取出回程机票，将日期给日本代表看。就这样，日本代表探知到柯英要在两周后回国，也就是说，谈判事宜必须在两周内完成。

日本方面，对于顺利探知柯英的最后时限非常高兴。为了让事态能够按自己预期的发展，即让对方按照自己的心意行事，他们总是竭力探知对方的最后时限，而将自己的最后时限视为机密。遗憾的是，柯英完全没有意识到事态的严重性，根本不知道，此时自己已经成了谈判中注定失利的一方。面对对方的如此礼遇优待，他甚至还有些沾沾自喜。

接下来，谈判日程按照日本代表的安排进行着。

在开始的10天里，日本代表对于重要的谈判内容只字不提，每天只是招待柯英到日本的名胜古迹去参观游览，让柯英玩得十分尽兴。等到日本代表提到谈判的时候，已经是柯英到日本的第12天，也就是说，柯英还有两天就要回国了，而谈判必须在这两天之内完成。可是柯英仍然没有意识到事态的严重性，这天的谈判因为柯英想去打高尔夫球而不得不取消。

第13天的谈判又因为日本企业方面以为柯英举行欢送会为借口而在中途就结束了。直到最后一天，谈判总算是正式开始了。然而，正当谈判进行到关键阶段的时候，又到了该去机场的时间了，高级轿车也已在门口等候了。于是，谈判的地点只得从会议室改到了车内。然而，这时，由于时间有限，对于许多重要的问题，柯英根本来不及"斤斤计较"，只要对方的要求不是很离谱，柯英都答应了对方。

毋庸置疑，在没有更多选择的情况下，日本方面当然是大获全胜。

一般来说，利用"最后时限"给对方设一个困境，能够点中对方三处心理"死穴"，使他不得不听从你的指示采取行动：

1. 如果没有必要的话，人在行动时往往会能拖就拖，而且还会以各种各样的理由来说服自己，让拖延变成理所当然的事情。比如："等条件成熟些，效果会更好。""等资料更翔实些再行动，成功的可能性会更大。"这就是人类的本性。因此，给对方一个清楚明确的最后期限，能够让他清楚地知道立刻行动的必要性和紧迫性，进而迫使他不得不行动起来，因为再晚他可能就没有成功的机会了。

2. 生活中，绝大多数人对于自己即将失去或者被宣告不能得到的东西，往往会更加积极、努力地想得到它。给对方设定最后期限，实际上是让对方知道，他再拖延就面临着失去，从而激发出他更大的行动积极性。

3. 给对方一个最后期限，把对方可以选择的机会减少，让他不得不选择听从你的指示。

比如，管理者想要让下属们接受自己的指示，一致赞成预案通过，那么可以在讨论时这样说："今天，大家提出的意见非常好，但始终没有达成共识。为了消除差异，我们最好通宵来讨论！"这样就通过延长最后时限，将对方陷入一个困境之中——要想早回家，就要达成共识，使得对方不得不赞成预案通过。

通过延长、缩短、安排一个最后时限，来给对方制造一个困境，使得"听从你的指示"成为困境中最好的选择，这是一个非常有效的策略。

不妨提一个更大的要求，更容易取得成功

曾经有一家广告公司，故意在一幅油画上画了一个多余的红圈。这幅画是给一个有怪癖脾气的管理人来鉴定的。他一见此画便咆哮起来："干吗画上个红圈！赶紧将它涂掉！"

于是，这位广告商一声不吭地用颜料把那红圈涂掉了，这位鉴定者也无话可说了，情愿出一个较高的价钱将画买下。这个小小的"红圈"便使广告商赢了这位十分难打交道的管理人。

在生活中，我们经常可以见到这样一种现象：一个人提出了

一个大要求后再提出一个同类性质的小要求,这个小要求就有可能被人轻易地接受。这一现象与"进门槛"恰好相反,因而人们称其为"反进门槛效应",也叫留面子技术。上面两个例子就是很好地运用了留面子技术。

这一效应在美国心理学家西阿弟尼等人1975年做的实验中得到了印证。他们要求第一组被试做一件没有工资的工作,即当少年犯的顾问,每星期两个小时,至少做两年。毫无疑问,没有一个人答应这样的要求。当所有人都拒绝时,实验者马上问他们,是否同意做别的事情,只需要很少的时间,即带着少年犯到动物园游玩两个小时;对第二组被试只提出了较小的要求,要求他们带那些少年犯到动物园游玩;对第三组被试提出可以在两种要求中间选择一个。结果他们同意的百分率分别为50%、16.7%、25%。

由此可见,运用这种留面子技术的效果是十分明显的。事实上,这种技巧在小商品市场中司空见惯。那些小摊贩先漫天要价,然后再讨价还价,这时人们便以为他为此让步了,价格比较合理了,因此便接受了他们的要求。在日常生活中,这类例子也比比皆是。

在人际交往中,我们也可以利用这种留面子技术,达到劝说别人接受意见的目的。劝说别人,并不意味着只是一味进逼,适当地退让和承认对方意见的合理性,倒显得通情达理,使人易于接受劝告。如果妻子只是劝说丈夫每天少抽几支烟,丈夫可能无动于衷，妻子进而要求戒烟，不许屋里有烟味，丈夫很可能赶紧让步，答应每天只抽五支烟，妻子也就达到要求丈夫少抽烟的预期目的了。

"反进门槛效应"的产生与心理反差的错觉作用密不可分。大要求与小要求会引起心理反差。一般来说，要求之间的差距越大，其心理反差也越大，给人的错觉也越大。这正如鲁迅所说，你要求在墙上开个窗户，大家都反对；如果你提出要扒开屋顶，大家就同意开窗户了。因为开窗子这个小要求与扒屋顶这个大要求相比差得很远，大家以为自己得了便宜，免除了扒屋顶的后遗症，便答应了开窗户的要求。

实践证明，在社交中运用留面子技术是很有效的。在人际交往的过程中，我们要适当地运用留面子技术，以便达到我们使他人顺从、改变他人的目的。但是在运用留面子技术时，要注意以下几个方面：

首先，我们要学会不露痕迹地使用留面子技术。在使用时，一定要让对方处在无意识的状态下。

其次，我们要学会合理的让步法。一般来说，让步越大，其效应越大。但是，一旦被人认为这种让步是虚假时，其信任程度就发生了变化，他对你的让步就不信任了。因而你不管提什么要求，他都会认为是高的。

利用"期望效应",使他人按自己的意图行事

拜托别人、希望别人来拜托自己、对他人有所期望、期望他人对自己有所期望……这是每个人都有的心理状态。拜托别人、对他人有所期望是出于现实的需要,毕竟每个人的能力是有限的;而希望别人来拜托自己、希望别人对自己有所期望,则是实现自我价值的本能需要。当别人来拜托你的时候,你心中会油然而生一股满足感、成就感,做起事来也干劲十足。

因此,如果你想要他人听从你的指示,不妨将自己对对方的期望明确地表达给对方。因为心理学上有一个非常著名的"期望效应",它是说,人往往会按照他人所期望的那样去做。

1960年,罗森塔尔在加州一所学校中做了一个著名的实验来论证"期望效应"。

那是一年新学期刚开始的时候,罗森塔尔请求校长对两位教师说:"根据以往的教学考察,我认为你们是本校最优秀的教师。为此今年学校特地挑选了一些极为聪明的孩子给你们当学生。但是,为了不伤害到其他的教师和学生,请你们尽量像平常一样教这些聪明的孩子,一定不要让其他人知道你们是挑选出来的最优秀的老师,你们的学生也是被特意挑选出来的高智商的孩子。"

之后的一年里,这两位教师更加努力地教学。在学年考试

中，这两个班级的学生成绩成为全校中最优秀的，将其他班级远远地抛在了后面。

接着，校长公开了一个令人惊讶的事实：这两位老师和他们的学生都不是被特意挑选出来的优秀者，而是随机选出的。

在这个实验中，校长撒了谎，所谓的"天才学生"和"最优秀的老师"其实都是平凡人。但是由于校长的权威性，以致所有人都相信了这个谎言。首先，两位教师相信了它，接着教师又在不知不觉中通过自己的语言和行为将期望传递给学生——"我期望你们是最优秀的"。这样，无论是教师还是学生，他们的自尊、自爱、自信、自强都被前所未有地激发起来，并且推动着他们去取得成就。

由此可见，利用"期望效应"来使他人按照自己的意图行事，是一个非常明智的方法。尤其是当你处于对方上级的地位的时候，对下属满怀期望，这种"降级拜托"的行为往往能在更大程度上激发起对方的干劲儿，使"期望效应"产生更大的影响。

绝大多数人都有过这样的经历：当自己的上级对自己说："我对你的将来抱有很大的期望"或者"我对你很有信心，你一定能将这份工作干好"的时候，心中就会产生一种无法形容的兴奋感，并下定决心，好好干，以免辜负了领导的期望。

值得注意的是，适度地对他人寄予期望是一件好事，但如果超过他人的能力范围期望过度的话，就会给对方造成沉重的心理负担，令人惶恐不安，进而产生反抗心理。

给予对方适当的期望，能够满足对方实现自我价值的需求，同时，还能够激发对方的责任感、自尊心、自豪感等一系列积极的心理因素，催促他听从你的指示，并且竭尽全力将事情做好。

给予对方一个头衔，让他鼎力相助

虽然头衔是虚的，不能增加人的经济收益，但却可以在极大程度上满足人的自我成就感。很多人都通过给予对方一个光辉闪耀的头衔来获得对方的鼎力协作。

斯坦梅茨是一位拥有异常敏锐的观察力和无法估量的才能的人。然而，在他就任通用电气公司的行政主管时，他所管理的事务却乱作一团。因此，他被撤销了行政主管一职，而担任顾问兼工程师。那么，怎样才能使这样一个在事业上受挫的人不遗余力地投入到工作中，为公司效力呢？

这时，高层管理人员运用了一些奇妙的驭人策略。他们给予了斯坦梅茨一个耀眼的头衔——"科学的最高法院"。一时之间，几乎公司上下所有的人都知道：有一个叫斯坦梅茨的工程师非常了不起，他被称为"科学的最高法院"。而斯坦梅茨也极力维护这个头衔所带给他的荣誉，他不遗余力地工作着，创造了很多奇迹，为通用电气的发展做出了极大的贡献。

头衔是一种公开化的赞誉。面对它，几乎没有人能够真正抗拒。头衔能够让许多人激动不已，能够激发他们的工作热情。当然，还能够赢得他们的忠诚。一个小小的头衔真的拥有这么巨大的魔力吗？

其实，这当中是有其心理学依据的。

首先，从个体心理学的角度看，当一个人被赋予某种头衔的时候，他对自己的自我认知就发生了改变。潜意识中，他将自己和这种头衔统一起来。如果他不按头衔的要求去做的话，他就会产生认知失调，也就是自我认知和言行冲突，从而产生心理不适。因此，为了避免认知失调产生，他一定会以积极的言行来极力维系头衔带给他的荣誉。

其次，从社会心理学的角度看，当一个人被赋予某种头衔的时候，实际上是被赋予了某种社会角色。

著名心理学家津巴多曾经做了一个这样的实验：

参加实验的志愿者都是男性。津巴多将他们分成两组，一组扮演监狱里的"看守"，另一组扮演"犯人"。

一天后，几乎所有的参与者都进入了角色。"看守"变得十分暴躁而粗鲁，甚至主动想出许多方法来体罚"犯人"。而"犯人"则"垮"了下来，有的消极地逆来顺受，有的开始积极反抗，有的甚至像个看守一样去欺辱其他犯人。

人有一种将自身的言行与自己所扮演的角色统一起来的本能，人很难抛开自己所拥有的头衔而做出格的事情。

作为美国劳工协会缔造者的塞缪尔·冈伯斯就是凭借这个策略走向了成功。在刚开始的时候，他所面临的困境除了缺少资金之外，还缺少同盟者。为此，他创立了"民间委任状"，专门对那些愿意组织工会的人授予荣誉称号。采用这种方式，一年之中他就获得了80个人的鼎力支持。从此以后，美国劳工协会的会员数目开始直线攀升。

要想获得他人的鼎力支持，给予他人合适的头衔是非常有效的方式，这被无数事实反复证明着。

让他人做出承诺，就容易达到你的目的

心理学家托马斯·莫里亚蒂曾经在纽约市的海滩上做过这么一个关于阻止偷窃行为的实验。这个实验的目的，是要观察旁观者会不会不顾个人安危去阻止身边的偷窃者，以遏制犯罪行为的发生。

在实验中，实验人员会在海滩上随便找个人作为实验对象。开始的时候，实验人员会躺在距离实验对象大约5英尺的浴巾上，并且很惬意地听着收音机里传出来的音乐，享受着凉爽的海风。但几分钟之后，他会从浴巾上爬起来，向前面的大海走去。这时，第二位实验人员会假扮成一个小偷，他悄悄地来到第一个实验人员刚才待过的地方，拿起收音机迅速地离开现场。

可以想象：一般情况下，旁观者是不会冒险去阻止小偷的犯

罪行为的。实验最终证明了这一观点。托马斯发现，在20次的实验中，20个人里仅有4人挺身而出，阻止小偷的犯罪行为，其他人都视而不见。

而后，实验人员又进行了20次实验，与上一次不同的是，这次实验略有改变，改变发生在实验人员离开时。这次当实验人员离开的时候，他会对身边的实验对象说："您好，我想去游会儿泳，麻烦您帮忙照看一下我的这些物品好吗？"当然，每一个实验对象都答应了。

这次实验的结果是20人中有19人挺身而出，成为阻止犯罪的孤胆英雄。他们中的很多人都追赶着小偷，迫使其停下来并做出合理的解释。而有的人则干脆问也不问，紧追上去，一把抢过他手里的收音机，并扬言要叫警察来处理。

两个相似的实验，为什么会产生如此之大的差别呢？这可能会让很多人感到疑惑。其实，实验的结果就体现了承诺的力量。当实验者没有对物主做出承诺时，面对偷窃行为就不会有太大的责任感。即使不管，也不会受到道义上的谴责；而当实验者对物主做出承诺，答应物主的请求时，就会肩负起一种责任，要求自己说到做到，不能被对方觉得自己言而无信。于是就会为了保持言行一致，而做出一些努力。

一般情况下，人们会主动使行为与承诺保持一致，因为这通常被认为是一种良好的品行。一个人如果言行不一，那么就会失信于人，在以后的为人处世中恐怕会很难立足。而且在人们看来，言行一致是与超凡的智力和坚强的个性联系在一起的，代表着坚定和诚实。因此，不论从哪个方面来讲，人们都非常看重保持言行一致。这无形中就产生了一种有效的心理影响力，即用人们的承诺影响其行为。一般情况下，人们一旦对别人做出承诺，就一定会尽力做到。在这种力量的作用下，不会轻易反悔自己做出的决定。即使有什么别的想法，也会极力克制，努力使承诺与行为保持一致。

这种心理效应，可以作为一种影响力武器应用到生活的各个方面。先巧妙地让人对你做出一定承诺，只要对方做出承诺，就会受到一种无形力量的牵制，不会轻易改变。因此，我们可以利用承诺的力量来促使人们做出某种行为。例如，某公司为了刺激销售员取得更大的成绩，在每一个阶段开始之前，都会要求销售员定下自己的销售目标，并要求他们把销售目标写在一张纸上。这个目标一旦写下来，就等于销售员对公司做出了一个承诺。于是，为了保持自己的言行一致，销售员必然会加倍努力，在规定时间之内兑现自己的承诺。最终，有效地调动了员工的积极性，提高了销售业绩。

俗话说："言必信，行必果。"这是我们为人处世的一种行为准则，它有很大的约束力。如果我们能够巧妙地使他人对自己做出承诺，那么就会比较容易达到自己最初的目的。

第五章

杠杆说服：
9个渗透潜意识的
心理影响法则

布朗定律：潜入对方大脑，言语真诚得人心

一定要找到对方心灵的那把锁，找到心锁就是沟通的良好开端，知道别人最在意什么，别人的意愿就会在你的把握之中。

一个虔诚的修女为了拯救受难的人们只身来到印度，当她看到当地的人们因为贫困而衣衫褴褛甚至没有鞋子穿的时候，她决定自己也不穿鞋子，因为这样才能够更加贴近他们从而更好地帮助他们。以至后来戴安娜王妃听说了她的事迹之后来印度拜访她的时候，王妃因为自己穿了一双洁白的高跟鞋而感到无比羞愧……

后来中东发生了战争，这位修女孤身一人来到战场上，当作战的双方发现这位修女来到的时候，竟然不约而同地停止了攻击，等她把战区里面的妇女和儿童都救了出来……在这位德高望重的修女去世的时候，印度举国上下的人民都为她而悲痛，在她的灵柩经过的地方，没有人站在楼上，因为他们不愿意自己站得比她还高，而她遗体的双脚仍然是裸露的，向世人宣告她是与那

些贫苦的人们平起平坐。这位高尚的修女就是特蕾莎。

特蕾莎修女的真实故事告诉我们，找到心锁就是沟通的良好开端。知道别人在意什么，你就会知道别人的意愿。这就是沟通学中著名的布朗定律。布朗定律是美国职业培训专家史蒂文·布朗提出的。

布朗定律可以解决沟通中遇到的暂时性障碍。当一个人受到外界强大的不良刺激时，比如遭遇爱情、亲情、友情的失落，比如在工作、事业上碰到挫折等……此时你会觉得他判若两人，表现反常，甚至有点奇怪。即便这个人曾经与你沟通得十分融洽，但是现在不同了，变得难说话、难沟通了。

当我们试图与对方沟通时，却因对方处于"绝缘"状态而导致失败。对方的思想显得乖僻，情绪非常不好，拒绝与外界交流。他甚至呆若木鸡、视而不见、充耳不闻，任何人都无法访问他的心灵世界，不知他在想些什么。这时，如果能巧妙地运用布朗定律，很多疙瘩都会迅速迎刃而解。

一位30多岁的女人，在失业一年多后，终于找到一份在某高级珠宝店当售货员的工作，没想到刚上班就出现一件麻烦事。圣诞节的前一天，店里来了一位土里土气的年轻男子，他衣衫破旧，一脸的悲哀、狐疑，不时用贪婪的目光盯着那些高级首饰。

这时电话响了，女人只好先去接听电话，可她却一不小心把装戒指的碟子碰翻，6枚精美绝伦的金戒指掉落到地上，她慌忙捡起其中的5枚，但第六枚怎么也找不到。

这时，她看到那男子正向门口走去，顿时她醒悟了，戒指可能在他那儿。

当男子即将走出店门时，女人柔声叫道："对不起，先生！"

"什么事？"他问，脸上的表情有些不自然。

"我先生和我都失业一年多了，我也是上个星期才找到这份工作的。现在找份工作真不容易，是不是？"女人神色黯然地说。

男子长久地注视着她，终于，一丝腼腆的微笑浮现在他的脸上："是的，正是这样。但我觉得你在这里工作会做得很好。"

说完，他向前一步，把手伸给她："让我握握你的手，表示我真诚的祝福好吗？"

然后，他转过身，慢慢走向门口。女人目送着他的身影消失在门外，转身走向柜台，把手中握着的第六枚戒指放回了原处。

故事中的女人不批评、不苛责，更没有咆哮，就成功地收回了男人偷拾的第六枚戒指。其奥妙就在于女人真诚的话语产生了撼人心魄的作用，真诚在此处胜过了任何技巧。从某种意义上来说，用情感来凝铸语言，是一种最高境界的智慧。

在与人交往中，打开别人心锁的钥匙就是真诚。一个说话者如果感情不真切，是逃不过成百上千听众的眼睛的，同时也难以打动听众。很多著名政治家的交际之所以出色，主要在于他们特别注意培养自己说话、演讲的真切情感。

"二战"期间，年近70岁的英国首相丘吉尔在对秘书口授反击法西斯战争动员的讲稿时，讲到激动之处，热泪盈眶。他的这一次演讲直指人心，极大地鼓舞了英国人民的反法西斯斗志。一次哈佛大学的毕业典礼上，在谈到"真诚"的时候，一个毕业生的话得到了大家的认可。他说："一个说话者如果讲话华而不实，只追求华丽的辞藻，开出的只能是无果之花；缺乏真挚而热烈的情感，只是'人工仿制'的感情，虽然能欺骗听众的耳朵，却永远骗不到听众的心。而说话者一旦讲话袒露情怀，敞开心扉，就会达到语调亲切、激情迸发、内容充实的效果，也就会字字吐深情，句句动心魄。"

如今，我们的社会充满了太多的虚假和浮躁，人们普遍存在着不信任的心理。造成这种心理的原因之一很可能是生活中"口是心非"的人太多了。有些人尽管表面上说得天花乱坠，而内心并非如此；表面上百依百顺，实际上则是我行我素；嘴里说着赞誉之词，而内心里则是诅咒。

因此，要找到打开某人心锁的钥匙，是一个需要细心洞察、耐心寻找的过程，需要"由表及里"，根据一些现象逐步深入分析，最后找到根源；当然，表里如一、言行一致是交往中最基本的准则。

所以，做人就要做个真诚的人、言行一致的人。对待别人要诚实，不要两面三刀，在算计别人中度过一生，是很累、很痛苦的事。坦诚地做人，用一颗真诚的心去对待别人，得到的不只是对方的信赖，还有机遇。

登门槛效应：循序渐进才能如愿以偿

当我们要求某人做某件较大的事情又担心他不愿意做时，可以先向他提出做一件类似的、较小的事情。

在现实生活中，可能大家都有过这样一种体会，当你请求他人时，如果刚开始便提出比较高的要求，是极易遭到拒绝的；倘若你先提出比较低的要求，等他人同意之后再适机增加要求的分量，就会更易达到目标。探讨这其中的原因，就必须要提到"登门槛效应"。

"登门槛效应"又称得寸进尺效应，是指一个人一旦接受了他人的一个微不足道的要求，为了避免认知上的不协调，或想给他人以前后一致的印象，就有可能接受更大的要求。这种现象，犹如登门槛时要一级台阶一级台阶地登，这样能更容易更顺利地登上高处。

心理学家认为，在一般情况下，人们都不愿接受较高较难的要求，因为它费时费力又难以成功，相反，人们却乐于接受较小的、较易完成的要求，在实现了较小的要求后，人们更易接受较大的要求，这就是"登门槛效应"对人的影响。

这个效应是美国社会心理学家弗里德曼与弗雷瑟于1966年做的"无压力的屈从——登门槛技术"的现场实验中提出的。

这个pucwj这样进行的：派人随机访问一组家庭主妇，要求她们将一个小招牌挂在她们家的窗户上，这些家庭主妇愉快地同意了。过了一段时间，再次访问这组家庭主妇，要求将一个不仅大而且不太美观的招牌放在庭院里，结果有超过半数的家庭主妇同意了。与此同时，派人又随机访问另一组家庭主妇，直接提出将不仅大而且不太美观的招牌放在庭院里，结果只有不足20%的家庭主妇同意。

不言而喻，前一组家庭主妇同意率之所以超过半数，是因为在这之前对她们提出了一个较小的要求；而后一组家庭主妇同意率之所以不足20%，是因为在这之前对她们没有提出一个较小的要求。换句话说，前一组家庭主妇的同意率之所以高于后一组的家庭主妇，是因为人们的潜意识里总是希望自己给人留下首尾一致的印象。

当个体先接受了一个小的要求后，为保持形象的一致，他可能会继续接受一项更重大、更不合意的要求。不管是在人际交往还是日常生活中的各个方面，正确与适当地应用"登门槛效应"，常常会让我们获得意想不到的效果。

在人际交往中，当我们要求某人做某件较大的事情又担心他不愿意做时，可以先向他提出做一件类似的、较小的事情。也就是说，我们在说服别人的时候，不要一开口就给对方很大的压力，而是最好先向对方提出一个小要求，然后再循序渐进地、一点点地提出我们的最终需求，当然，这需要我们在提出请求的过程中注意语言和用词的层级变化。

周末，柳青对丈夫说："既然待在家中无事，不如咱们去外面逛逛吧？"丈夫很爽快地答应了。柳青有意把丈夫往家居市场引导，快过家居市场时，她对丈夫说："不如进去随便看看吧？"

丈夫答应了。来到家居市场，柳青发现了一款书桌不错，煞是喜欢，就对丈夫说："你看这个书桌，最适合你放电脑和书了。还可以当我的梳妆台，买了吧？"丈夫略加思索，说："买。"

正在丈夫付钱的时候，柳青又发现了一个衣橱不错，于是把丈夫喊到身旁，说："你看这个衣橱，确实不错啊，才3000元，很实惠吧！"

丈夫赶紧说："不用不用，买个几百块钱的简易衣橱凑合着用就可以了。"

柳青又接着说："有这么好的桌子，配个破衣橱合适吗？"

丈夫一想也是，既然桌子都买了，再买个衣橱又有什么呢，于是爽快地说："买。"

在这里，柳青巧妙运用了登门槛效应。登门槛效应是一个可以广泛应用的沟通效应，只要能灵活运用，无论身处什么地位，都能产生积极的效果，这实际上是一种迂回策略的体现。现实生活中，无论是进行商业谈判，还是让部下服从自己，或是想说服别人，登门槛效应都能发挥作用。

对于推销员来说，劝说顾客购买自己的产品并不是一件轻松简单的事情。全世界最伟大的推销大师之一汤姆·霍普斯金说过，通常较为成功的推销员都不会向顾客直接推销自己的商品，而是提出一个通常人们都能够或者乐意接受的小小要求，从而一步步地最终达成自己推销的目的。

对学习有困难的学生，如果老师一下子给他们提出过多要求、过高的目标，则很容易使他们产生退缩和畏惧的心理。但如果先提出一个只要他稍微用心就能实现的小目标，当他完成这个小目标之后，再向他提出更高的目标，那么学生往往更容易接受并最终能够达到老师提出的要求。

总之，在与人沟通时，我们想要将自己的某种目的或者想法渗透给对方，可以先从比较容易实现的小目标入手，然后再逐步将对方导向我们的真正目的。汤姆·霍普斯金也曾说："我们在进行沟通的时候不必急于达到最终目的，可以采用循序渐进的方法，逐步完成。"

的确，有效沟通并不意味着所有的事情都要一步到位，有些时候，我们可以利用游戏中逐渐升级难度的方式进行沟通。因为，一级一级地登上台阶，远比一步跨上最高层走得更稳、更省力。

古德定律：准确把握对方的观点，才能驾驭全局

成功的沟通，靠的是准确地把握别人的观点。

人们常说，"有一千个读者就有一千个哈姆雷特"，看莎士比亚的《王子复仇记》，人们对主人公哈姆雷特的感觉迥然不同，

一千个读者将可能幻化出一千个不同的王子形象。同样的道理，同样一句话，不同的听者对它的理解也会有所偏差。这是因为人们之间存在各种沟通位差，对同一件事也会有不尽相同的理解。

但是这种对言语理解上的差异常常被忽略，人们总以为自己说出的话，听者没有异议，就等于听懂，这其实是主观感觉，也是过高的期望值。

实际上"对牛弹琴""曲高和寡"，或"言者无心，听者有意"等现象，在沟通中普遍存在。于是，因为不能准确地把握别人的观点，沟通的失败也就在所难免。

因此，如果我们能准确地把握对方的观点，得知对方的想法，那么沟通将会取得最大程度上的成功。这就需要提到沟通中的"古德定律"。

古德定律是美国心理学家 P.F. 古德提出的。他认为，人际关系交往的成功，靠的是准确地把握他人的观点。即有的放矢，方能无往不胜。如果我们不知道别人想什么，那么，无论你做什么说什么也不过是徒劳。

古德定律强调了人际交往中要会"换位思考"，也就是学会"善解人意"。

一个员工或者领导者，只要学会了换位思考，他就容易善解人意，能够较为准确地把握别人的观点，使沟通步入佳境，获得顺畅与成功。

曹操很喜爱曹植的才华，因此想废了曹丕转立曹植为太子。

当曹操将这件事征求贾翊的意见时，贾翊却一声不吭。曹操就很奇怪地问："你为什么不说话？"

贾翊说："我正在想一件事呢！"

曹操问："你在想什么事呢？"

贾翊答："我正在想袁绍、刘表废长立幼招致灾祸的事。"

曹操听后哈哈大笑，立刻明白了贾翊的言外之意，于是不再提废曹丕的事了。

曹操提的问题对于身为下属的贾翊来说非常棘手，稍有不慎就会引起龙颜大怒。而贾翊并没有正面地回答问题，这一点相当聪明，既避免了冒犯领导权威，也没有给人阿谀奉承的感觉。这正是建立在准确理解领导背后意图的基础之上的。

通常，在公司员工与员工、员工与领导者之间的沟通活动中，不论是员工还是领导说话，其实都很难被听者百分之百理解和接受，尽管听者没有表示异议，甚至连连点头称是，却难保听者听懂了，更难保听者是否准确把握了言者的观点。也难怪，许多沟通虽反复多次交谈，却不能奏效，可能正缘于言者观点未能被听者准确把握，甚至听者根本没诚意听，沟通失败就是自然的事情。

李平准备借助于好友刘兵的帮助做生意，在他将一笔巨款交给刘兵后，刘兵不幸身亡。李平立刻陷入了两难境地：若开口追款，太刺激刘兵的家人；若不提此事，自己的局面又难以支撑。

帮忙料理完后事，李平对刘妻说了这样一番话："真没想到刘哥走得这么早，我们的合作才开始呢。这样吧，嫂子，刘哥的那些朋友你也认识，你就出面把这笔生意继续做下去吧！需要我跑腿的时候尽管说，吃苦花力气的事我不怕。"

他丝毫没有追款的意思，还很豪气，其实他明知刘妻没有能力也没有心思干下去，话中又蕴涵着巧妙的提醒：我只能跑腿花力气，却不熟那些生意，困难不小又时不我待。

结果呢？倒是刘妻反过来安慰他说："这次出事让你生意上受损失了，我也没法干下去了，你还是把钱拿回去再想别的办法吧。"

如果我们能站在对方的立场上看问题，用真情打动他，引起他情感的共鸣，一般情况对方是会理解的。

上述案例中李平只字未提追款一事，相反还让对方先开了口。试想，如果他直接说出来会有多尴尬。他的巧妙之处在于说了一席站在对方立场考虑的话，将心比心，对方自然也能站在他的立场思考问题，不知不觉中就说出了李平想说的话。

因此，在沟通中，我们要尽量准确地去把握别人的观点，这就需要我们站在别人的角度去考虑问题，说话时要学会"换位思考"，用"善解人意"准确把握对方的观点，否则就会影响到沟通的效率和成败，严重时会导致人际关系陷入僵局。

首因效应：巧妙利用第一印象俘获人心

在人与人的交往中，初次见面，彼此便留下深刻的印象，无论是你说了什么话，做了什么事，在对方的心目中，都会留下烙印。这个烙印就是你的符号，也是你给他人的第一印象。

在与陌生人的交往过程中，所得到的有关对方的最初印象称为第一印象。第一印象并非总是正确，但却总是最鲜明、最牢固的，并且决定着以后双方交往的过程，在对方的头脑中形成并占据着主导地位，这种效应即为首因效应。

我们常说的"给人留下一个好印象"，一般指的就是第一印象，这里存在着首因效应的作用。

首因效应是由美国心理学家洛钦斯首先提出的。首因效应作用最强，持续的时间也长，比以后得到的信息对于事物整个印象产生的作用更强。因此，在交友、招聘、求职等社交活动中，我们可以利用这种效应的积极作用，展示给人一种极好的形象，为以后的交流打下良好的基础。

美国总统林肯曾经接见了一个朋友推荐的人，但是林肯最后拒绝了这个才智过人的人才，理由是相貌不过关。在朋友愤怒地指责林肯不应该以貌取人的时候，说了这样的话："任何人都无法为自己天生的面孔负责。"林肯却回应道："一个人过了40岁，就应该为自己的面孔负责。"

据说哈佛教授经常给新生们讲述林肯这个以貌取人的故事，他们说："我们暂且不管林肯以貌取人是否有其可圈可点之处，重要的是我们不能忽视第一印象的巨大影响和作用，尤其在这个人才济济的时代，外表似乎越来越成为一个人能否给他人留下深刻印象的重要衡量标准。"

哈佛心理学教授解释说，在与一个人初次会面时，我们会在45秒钟内产生第一印象。这一最初的印象对我们的知觉产生较强的影响，并且在我们的头脑中占据着主导地位。

当不同的信息被排列在一起的时候，人们总是倾向于重视排在前面的信息。退一步说，即便人们对后面的信息保持同样的重视度，也会认为后面的信息是非本质的、是偶然的。通常，人们的习惯是按照前面的信息解释后面的信息，当后面的信息与前面的不一致时，就会否定后面的信息而服从前面的信息，使整体印象保持一致。

一个新闻系的毕业生正急于寻找工作。一天，他到某报社对总编说："你们需要一个编辑吗？""不需要！""那么记者呢？""不需要！""那么排字工人、校对呢？""不，我们现在什么空缺也没有了。""那么，你们一定需要这个东西。"说着他从公文包中拿出一块精致的小牌子，上面写着"额满，暂不雇佣"。总编看了看牌子，微笑着点了点头，说："如果你愿意，可以到我们的广告部工作。"

这个大学生通过自己制作的牌子表达了自己的机智和乐观，

给总编留下了美好的第一印象，引起其极大的兴趣，从而为自己赢得了一份工作。我们可以看到第一印象相当重要。有时候，首因效应所带来的影响，可以决定一个人的前程甚至命运。因为它主要体现在先入为主上，这种先入为主给人带来的第一印象是鲜明的、强烈的、过目难忘的。对方也最容易将你的首因效应存进他的大脑档案，留下难以磨灭的印象。

虽然我们也知道仅凭一次见面就给对方下结论为时过早，首因效应并不完全可靠，甚至还有可能会出现很大的偏差，但是，绝大多数的人还是会下意识地跟着首因效应的感觉走。

在生活节奏较快的现代社会，很少有人会愿意花较多的时间去了解一个给他留下不好第一印象的人。因此，我们若想在人际交往中获得别人的好感和认可，就应当给别人留下良好的第一印象。

在日常交往中，我们要提醒自己，尤其是与别人初次交谈时，一定要注意给别人留下美好的印象，包括姿态、谈吐、表情、衣着打扮等。具体要注意以下两点：

1. 要注重仪表风度

一般情况下，人们都愿意同衣着干净整齐、举止落落大方的人接触和交往。与人见面交谈，要注意面带微笑，这样可以给人留下热情、善良、友好、诚挚的印象。注重仪表，至少让人看起来干净整洁，这样容易给人留下严谨、自爱、有修养的第一印象。尽管这种印象并不总是准确，我们却不能忽视第一印象的巨大作用，无论外在和内在，我们都应该格外注重。

2. 要注意言谈举止

想要给人留下难以忘怀的好印象，还要做到言辞幽默、侃侃而谈、不卑不亢、举止优雅。言谈要恰到好处，使自己显得可爱可敬，同时还要尽量发挥自己的聪明才智，以在对方的心中留下深刻的第一印象。

当然，在社交活动中，利用首因效应给人留下很好的印象，只是一种暂时的行为，要想与对方有更深层次的交往还需要我们完善自己的修养和品格。

自己人效应：将对方拉进自己战壕

与人沟通时，如果能熟练应用"自己人效应"，通过情感、地位、目的、经历等方面的相似之处，引起对方的共鸣，找到我们与对方心灵沟通的连接点，那么，我们的谈话将是成功的。

生活中两个人初次见面，经常会询问籍贯、学业、工作之类的问题，有时候会惊喜地发现对方是自己的老乡或校友。这样，就可以拉近彼此的心理距离。接下来，如果有什么事想要对方帮忙，也会比较容易了。

在这样的人际交往中，其实人们已经不知不觉地利用了"自己人效应"，就是让对方把自己当作他的"自己人"，使关系迅速拉近。

自己人效应，又叫作"亲和效应"，指的是在人际沟通过程中，人们常常会因相互之间存在某种共同或者近似之处，而感到彼此更易接近，而这种彼此接近，一般又会让交往对象萌生亲切感，并更加体谅。

在人际交往与认知中，人们常常存在一种倾向，也就是对自己比较亲近的对象会更乐意接近。如果双方关系良好，一方就更容易接受另一方的某些观点、立场，甚至对对方提出的为难的要求，也不太容易拒绝。

在人际沟通中，人与人之间会相互影响。这种影响有时是有意的，有时却是无意的，我们可以利用这种"有意"的影响，与人建立良好的关系。

苏联最受广大青年学子欢迎的演讲家加里宁被邀请在一个中学发表演讲。加里宁的演讲是这样开头的：

"亲爱的同学们，我也经历过像你们这样的学生时代，我深知作为一名在校学生的追求和梦想。我的想法跟你们现在的想法一样，就是能好好学习，取得优异的成绩。这不但是你、我的希望，也是家长的愿望，更是政府、社会以及老一辈人对你们的共同期望！"

加里宁在演讲的一开始就从自己的经历入手，坦言自己也经历过这样的学生时代，而且表示自己理解作为学生的心理感受，从而吸引同学们的注意力，缩短彼此的心理距离，让台下的学生感到亲切，激发认同感，从而产生共鸣。把听众拉进自己的战壕里,这样以来,听众便会对这个"自己人"所说的话更加信赖,也更容易接受。

用"自己人效应"激发共鸣要找到与听众心灵沟通的连接点,寻找出与听众心心相印的共鸣区,其实并不难。情感、地位、目的、经历等都能在听众中间产生"自己人效应",引起听众的共鸣。

英国首相丘吉尔在第二次世界大战期间在美国做圣诞演说时曾这样讲道:"我今天虽然远离家庭和祖国,在这里过节,但我一点也没有在异乡的感觉。我不知道,这是由于本人的母亲血统和你们相同,抑或是由于本人多年来在此所得的友谊……在美国的中心和最高权力的所在地,我根本不觉得自己是个外来者,我们的人民讲着共同的语言,有着同样的宗教信仰,还在很大程度上追求着同样的理想。我所能感觉到的是一种和谐的兄弟间亲密无间的气氛……"

不可否认,首相的"自己人策略"的确奏效了,他将听众拉进了自己的战壕,使他们与自己站在同一条战线,并轻松地"俘虏"了听众的心。丘吉尔从友谊、情感等角度导出了"我们""本人的母亲血统和你们相同""一种和谐的兄弟间亲密无间的气氛",这样的讲话产生了异乎寻常的"自己人效应",激发了听众强烈的共鸣,获得极大的成功。

利用"自己人效应"强化我们在对方心中的印象,就是要让对方确认我们是他的"自己人"。林肯引用过一句古老的格言说:

"一滴蜜比一加仑胆汁能够捕到更多的苍蝇。人心也是如此,假如你要别人同意你的原则,就要先使他相信:你是他的忠实朋友即'自己人'。用一滴蜜去赢得他的心,你就能使他走在理智的大道上。"

在与人交谈的时候,促使对方产生"自己人"的认同感,要注意以下几点:

1. 保持相互平等

要想得到他人的信任,首先要和对方缩短距离,与之平等相处。在保持相互平等时,最容易被忽视的就是交往中的用语问题。举个简单的例子,在某次公开谈话中,如果我们说"希望在座各位献计献策",这就像以居高临下的态度在命令大家,容易被人理解为对人不尊重。如果改说"我们一起商量",就承认了大家具有平等的地位。

2. 要对别人感兴趣

美国著名的人际关系学大师卡耐基曾说:"你要是真心地对别人感兴趣,两个月内你就能比一个光要别人对他感兴趣的人两年内所交的朋友还要多。"

纽约一家电话公司曾做过一项有趣的调查,结果发现在电话交谈中出现得最多的词竟是第一人称的"我"。这说明人们总有一种"想要让别人对我感兴趣"的心理趋向。因此,我们应该活学活用"自己人效应",调整这一心理趋向在交谈中产生的影响,使之尽量对我们产生有利的影响。在交谈中,先要对别人感兴趣,然后才是让别人对我们感兴趣。

3. 给人以可信感

在与人交谈时,必须让人感觉到我们的话说得中肯,这样才能增强信息传递的效力。这就要求我们在与人交谈时要说真话,保持自己在他人眼中的可信度。这一点看似简单,却是最难坚持的,无论是在日常生活中,还是在工作中,要坚持让自己言行一致,该说的话诚恳地说,不该说的话不要信口开河。

亚佛斯德定律:以对方的需求为切入点

亚佛斯德定律是德国人类学家W.S.亚佛斯德提出来的,他认为,一个人在与人沟通时,能引起他人急切的需求,并能引导这种需求,那么他就能无往不胜。的确,现实生活中,与人交往时,我们只有了解对方的心理需求,并以对方的需求为切入点展开话题,方能拨动对方心中的那根弦。

试想如果对方想说什么,你就替他说什么,对方想要什么,你就设法满足他。这样的沟通怎能不愉悦融洽?否则,如果你不了解对方的需求,哪怕你做再多,说破嘴皮也无济于事。

一位文质彬彬的先生带着他的儿子到商场买棒球衣。热情的营业员小姐见他们来到柜台前,就笑着迎上去说:"您是想买一套棒球衣吧?"

这位先生感到很奇怪,他点了点头,问:"你是怎么知道的？"

营业员小姐笑着解释说："您一进来，就一直盯着我们体育专柜的棒球衣，而且你儿子手中还拿着棒球呢。"

听营业员小姐这么一说，先生和他的儿子都挺高兴，就挑选了一套球衣，并准备付款。

这时，营业员小姐又补充说："这是和棒球衣配套的汗衫和长袜，您儿子穿上一定特别好看。"经营业员小姐提示，先生觉得多买些配成一套也不错，于是就买下了。

随后，这位营业员小姐又亲切地问先生的儿子："你有球鞋吗，小弟弟？"

其实这位先生并没有买球鞋的打算，所以就犹豫起来。营业员小姐十分真诚地夸赞他的儿子是个英俊少年，穿上全新的球衣、球鞋会显得更精神。

就这样，这位先生在自然轻松的聊天中多买了原本不打算买的汗衫、长袜和球鞋。虽然他比原计划多花了钱，但心情很愉快；而营业员小姐轻松地卖出了一连串商品，结果可谓皆大欢喜。

不得不承认，这位营业员小姐的确是个销售高手。试想一下，如果她不开口，不肯多讲一句话，说不定这父子俩匆匆选套球衣就走了，或者因为没有中意的球衣径直离开体育专柜。而营业员小姐热情洋溢地问明顾客需要什么，又顺便介绍其他商品，并且询问小男孩还缺什么东西，在顾客完成原定购买计划后又给顾客增加了三项支出——汗衫、长袜和球鞋。这位营业员小姐在充分掌握顾客心理的前提下，最大限度地挖掘并引导了对方的潜在需求，既让顾客满意而归，又提高了自己的销售业绩。

那么，在现实中，要想有效激发对方需求，并以此更好地引导满足对方的这种心理，一般来说有以下几种方法：

1. 听

听是为了从中发现对方的需求，使我们能够再次地问，以确认对方的真正需求。多听客户说话，及时回应，点头认可并面带微笑，我们只有让对方感觉自己非常喜欢听他说话，对方才会继续讲。会沟通的人都是很会听的人，偶尔再插上一句："您刚才的意思是不是说……是吗？"如果对方话语不太好听，也不要马上反驳，因为争辩对交谈并无帮助，不能刚开始就让对方感觉与我们很对立。

2. 问

问是为了找到对方的需求，问出来问题才有可能去解决问题，会沟通的人同时也是会问问题的人。问对方感兴趣的话题，让对方喜欢回答你；问对方没有抗拒点的问题，让对方能够回答你；问能够给对方带来好处的问题，让对方愿意回答你。我们如果要得到一个好的答案，就要学会提出一个好的问题，也就是说这个答案是能够帮助我们成交的答案，然后我们就朝着这个方向来设计问题，其实也就是在设计一个沟通的流程。

3. 说

在整个沟通流程中,我们要说的东西可能很多,但是说话是要讲究方法的。学会赞美对方,简单地说,赞美就是说出客户外在的基本事实,说出自己内心的真实感受。赞美是人类沟通的润滑剂。

很多时候我们处理的不是问题,而是对方的心情和情绪。据专家研究,一个人如果长时间被他人赞美,其心情会变得愉悦,心里话自然也就说出来了,我们应该毫不吝啬地找到对方的赞美点去进行赞美。

乒乓球定律:积极与对方形成互动

成功的沟通是一个双方互动的过程,如果只有一个人说话,永远都称不上是交流,更谈不上是有意义的沟通。有效的互动、你一言我一语才是交谈成功的前提。

可以这样说,一个好的交流者必定是一个好的提问者,就像打乒乓球一样,你在把球打出去的同时还能让对方打回来,这样一来一往,才能够真正算得上是成功的交流。这就是乒乓球定律。

在人际交往过程中,要想有效地与对方互动,就要做一个会问问题、能打开别人话匣子的交流者。如果你既想让别人开口,又想让自己掌握和控制谈话,那么就要学会提问。有效的提问可以促进交谈,使双方的表达更加顺畅。一个得体恰当的问题往往能引起对方积极的回应和愉悦的情绪。

但是，在现实生活中，很多人并不懂得如何提问。我们不妨来看看下面案例：

张先生在一次聚会上碰到了年轻的护士小曼，对她一见倾心，于是主动与她攀谈。他说："小曼，你觉得医院和诊所的医疗水平有多大差距？"

小曼顿时不知该怎样回答，只好尴尬地说："哦，我一时还真说不好。"说完就走到了人群的另一边，让张先生郁闷不已。

在这个案例中，张先生的问题在于提问的问题太过严肃了。这样的问题可能需要小曼花费很多精力和时间去查找资料或用心观察一段时间之后才能回答。在初次见面时一般人不会有这样的耐心去回答这样的问题的。

试想，张先生如果换一种方式，放弃谈论什么医院和诊所的复杂问题，而是这样开口："听说护士都喜欢医生，这是真的吗？"小曼也许就会笑着回答："你是听谁说的？这可不一定啊。"甚至会觉得张先生很有趣，从而对其多加关注。这样交谈，才称得上有效的互动，并在互动中增进彼此的了解，小曼也就不会觉得这个人太过严肃而转身走开了。

交流要掌握分寸和技巧，不合时宜的提问会引起对方的厌烦，不合适的问题也会招致别人的反感。一个好的交流者必定是一个好的提问者，根据上面的例子，我们可以总结出提问的几个注意点：

1. 提问要具体

面对具体的提问,对方有话可说。太抽象的提问让人无从回答,不知从哪儿说起,甚至会产生反感的情绪,正如"今天怎么样"之类的问题。所以,提问要具体,不要宽泛,尽量能让对方能用更多的语言来回答。

2. 提问由简到难

提问刚开始要简单,不要复杂,可以逐步深入。太复杂的问题,让对方不好答话,尤其不利于和不太熟悉的人进行交谈。

3. 不要带有引导性

如果是一个引导性的提问,会让别人除了顺从别无选择。例如"每天晚上看两个小时电视就够了,你说呢?""已经很晚了,你就不要出去了,怎么样?"这样的问题对对方似乎是一种命令,只能同意,而不是征求对方的意见,对方自然不想发表观点。

4. 不要加入个人意见

提问时先不要加个人意见,尤其是否定意见。当别人还没有表达自己的时候,你首先就已经表示了不赞同。这样一来,就阻断了对方原本可能想和你进行的讨论——既然你不同意,那就没有再讨论的必要了。对方会因为没有表达的机会而感到不愉快。

如果你能在生活中注意这几点,就不会因为不恰当的提问而引起别人的反感了。提问是我们交流中的一大部分,在提问中游刃有余,才能更自如地交往!

权威效应：利用权威赋予你的权利

"人微言轻，人贵言重"，权威是说服他人最有效的方法之一。

美国心理学家曾经做过一个实验：

在给某大学心理学系的学生们讲课时，向学生介绍一位从外校请来的德语教师，说这位德语教师是从德国来的著名化学家。实验中这位化学家煞有其事地拿出了一个装有蒸馏水的瓶子，说这是他新发现的一种化学物质，有些气味，请在座的学生闻到气味时就举手，结果多数学生都举起了手。对于本来没有气味的蒸馏水，由于这位权威的心理学家的语言暗示而让多数学生都认为它有气味。

心理学家认为，人们都有一种"安全心理"，即人们总认为权威人物的思想、行为和语言往往是正确的，服从他们会使自己有一种安全感，增加不会出错的"保险系数"。与此同时，人们还有一种"认可心理"，即人们总认为权威人物的要求往往和社会要求相一致，按照权威人物的要求去做，会得到各方面的认可。因此，这两种心理就诞生了权威效应。

权威效应，又称为权威暗示效应，是指一个人如果地位高，有威信，受人敬重，那么他所说的话及所做的事就容易引起别人重视，并让他们相信其正确性，使吹毛求疵或别有所求之人打消原有的念头。

在现实生活中，利用"权威效应"的例子很多：做广告时请权威人物赞誉某种产品，在辩论说理时引用权威人物的话作为论据等等。

在人际交往中，利用"权威效应"，还能够达到引导或改变对方的态度和行为的目的。

南朝的刘勰写出《文心雕龙》无人重视，他请当时的大文学家沈约审阅，沈约不予理睬。后来他装扮成卖书人，将作品送给沈约。沈约阅后评价极高，于是《文心雕龙》成为中国文学评论的经典名著了。平凡人物，一旦被新闻媒体炒作，也变得身价百倍，这也是新闻的权威效应产生的结果。

在说服别人的时候，也可以抬出权威来加强自己说话的力度，这就是权威说服法。有些推销人员在卖保险的时候，他们喜欢提到权威人士。他们说："你们工厂的经理也买我们的人寿保险。"大家会说："噢，我们公司的经理那么精明能干，他们都买你们的保险，看来你们的保险是不错，买吧。"他没有经过很深的判断，就这么做了。这就是利用了权威的心理。

举世闻名的航海家麦哲伦正是因为得到了西班牙国王卡洛尔罗斯的大力支持，才完成了环球一周的壮举，从而证明了地球是圆的，改变了人们一直以来天圆地方的观念。麦哲伦是怎样说服国王赞助并支持自己的航海事业的呢？原来，麦哲伦请了著名地理学家路易·帕雷伊洛和自己一块儿去劝说国王。

那个时候，因为哥伦布航海成功的影响，很多骗子都觉得有机可乘，于是就都想打着航海的招牌，来骗取皇室的信任，从而骗取金钱，因此国王对一般的所谓航海家都持怀疑态度。但和麦哲伦同行的帕雷伊洛却久负盛名，是人们公认的地理学界的权威，国王不但尊重他，而且非常信任他。

帕雷伊洛给国王历数了麦哲伦环球航海的必要性与各种好处，让国王心悦诚服地支持麦哲伦的航海计划。正是因为相信权威的地理学家，国王才相信了麦哲伦，正是因为权威的作用，才促成了这一举世闻名的成就。

事实上，在麦哲伦的环球航海结束之后，人们发现，那时帕雷伊洛对世界地理的某些认识是不全面甚至是错的，得出的某些计算结果也与事实有偏差。不过，这一切都无关紧要，国王正是因为权威暗示效应——认为专家的观点不会错——从而阴差阳错地成就了麦哲伦环绕地球航行的伟大成功。

看来，在劝说他人支持自己的行动与观点时，恰当地利用权威效应，不仅可以节省很多精力，还会收到非常好的效果。但是权威效应有好有坏。消极的权威效应是以权威人士的名望来吓人、压人，是"拉大旗，做虎皮"，这是我们要坚决抵制的。

因此，生活中面对他人的言语和行为，我们应该有自己的判断和主张，只要不过度迷信权威，也就不至于把蒸馏水"闻"出味儿来。

赫洛克定律：说服之前不妨先赞美

赞美是激励他人和成就自我的最佳方式。

心理学家赫洛克曾经做过这样一个实验，他将参加实验的人分为四组，在四种不同诱因的情况下完成任务。第一组是表扬组，每次工作之后就给予表扬与鼓励；第二组是受训组，每次工作之后就进行严加训斥；第三组是被忽视组，不进行评价，只让他们静听其他两组受表扬与挨批评；第四组是控制组，让他们和前三组隔离，不给予评价。

实验结果显示，前三组的工作成绩都比控制组优秀，表扬组与训斥组显然比忽视组优秀，表扬组的成绩不断上升。这个实验说明，对于工作结果及时给予评价，能够强化工作动机，对工作起到促进作用。表扬的效果显然比批评要好，而批评的效果要优于不给予评价。

这就是赫洛克定律，它是一种人际关系的需求理论，它强调满足对方的渴求，以此获得他人的认可与信任。就说话而言，我们与人交谈，从某种意义而言，就是一种探求对方需求的过程，通过这种过程，我们知晓对方的心理活动，由此制订下一步的谈话内容。

在人的一生中，有无数让他们引以为豪的事情，这些都是一个人人生的闪光点。这些东西又会不经意地在他们的言谈中流露出来，例如，"想当年，我在朝鲜战场上……""我年轻的时候……"等等。对于这些引以为荣的事情，他们不仅常常挂在嘴边，而且深深地渴望能够得到别人由衷的肯定与赞美。

在现实生活中，人人生来都渴望得到别人的赞赏。同样，每个人也都惧怕受到责难。成功学大师拿破仑·希尔曾说："人类本性最深的需要是渴望他人的欣赏，所以我们要多夸奖他人。"真诚地赞美一个人引以为荣的事情，可以更好地与之相处。

乾隆皇帝喜欢在处理政事之机品茶、论诗，对茶道颇有见地，并引以为荣。有一天，宰相张廷玉精疲力竭地回到家刚想休息，乾隆忽然来造访，张廷玉感到莫大的荣幸，道："臣在先帝手里办了13年差，从没有这个例，哪有皇上来看下臣的！真是折煞老臣了！"

张廷玉深知乾隆好茶，便命令下人把家里的陈年雪水挖出来煎茶给乾隆品尝。乾隆很高兴地招呼随从坐下："今儿个我们都是客，不要拘君臣之礼。生而论道品茗，不亦乐乎？"

水开时，乾隆亲自给各位泡茶，还讲了一番茶经，张廷玉听后由衷地赞美道："我哪里知道这些，只知道吃茶可以解渴提神。一样的水和茶，却从没闻过这样的香味。"

李卫也乘机称赞道："皇上圣学渊源，真叫人瞠目结舌，吃一口茶竟然有这么多的学问！"乾隆听后心花怒放，谈兴大发，从"茶乃水中君子，酒乃水中小人"开始论起"宽猛之道"。真是妙语连珠、滔滔不绝，众臣洗耳恭听。

乾隆的话刚结束，张廷玉赞道："下臣在上书房办差几十年，两次丁忧都是夺情，只要不病，与圣祖、先帝算是朝夕相伴。午夜扪心，凭天良说话，私心里常有圣祖宽，世宗严，一朝天子一朝臣这个想头。我为臣子的，尽忠尽职而已。对陛下的旨意，尽力往好处办，以为这就是贤能宰相。今儿个皇上这番宏论，从孔孟仁恕之道发端，譬讲三朝政纲，虽然只是三个字'趋中庸'，却振聋发聩令人心目一开。皇上圣学，真是到了登峰造极的地步。"其他人也都随声附和，乾隆大大满足了一把。

张廷玉和李卫作为乾隆的臣下，都深知乾隆对自己的杂经和"宏论"引以为豪。而张李二人便投其所好，对其大加赞美，达到了取悦皇帝的目的。

赞美是人际关系的润滑剂，能够帮助你快速走向成功。抓住他人最胜于别人的、最引以为豪的东西，并将其放在突出的位置进行赞美，往往能起到出乎意料的效果。

在镇压太平军的过程中，一次，曾国藩用完晚饭后与几位幕僚闲谈，评论当今英雄。他说："彭玉麟、李鸿章都是人才，为我所不及。我可自许者，只是生平不好谀耳。"一个幕僚说："各有所长：彭公威猛，人不敢欺；李公精敏，人不能欺。"说到这里，他说不下去了。

曾国藩又问："你们以为我怎样？"众人皆低头沉思。忽然走出一个管抄写的后生过来插话道："曾师是仁德，人不忍欺。"众人听了齐拍手。曾国藩十分得意地说："不敢当，不敢当。"后生告退而去。曾氏问:"此是何人?"幕僚告诉他:"此人是扬州人。入过学,家贫,办事谨慎。"曾国藩听完后说:"此人有大才,不可埋没。"不久,曾国藩升任两江总督,就派这位后生去扬州任盐运使。

　　他人最想要的赞美一定是真诚的,不是那种公式般的赞美,千篇一律,最让人反感。恭维赞美的话一定要切合实际。到别人家里,与其乱捧一场,不如赞美房子布置得别出心裁,或欣赏壁上的一幅好画,或惊叹一个盆栽的精巧。若要讨主人喜欢,你要注意投其所好,主人爱狗,你应该赞美他养的狗,主人养了许多金鱼,你应该谈那些鱼的美丽……这比说上许多无谓的虚泛的客套话更合适。

　　赞美是一种非常有效的激励手段。它不但能够让人感到振奋,而且使人感觉被肯定。然而大多数人都不是赞美高手,他们仅知赞美的重要,却不谙赞美的方法。让我们学会赞美吧,因为赞美是成功的砝码,赞美声中隐藏着许多你难以察觉的成功机会。

第六章

优势说服：
不动气，轻松赢得
沟通的反驳技巧

该不厚道时就不厚道

　　生活中难免会遇到尖酸刻薄的人，他们故意用一些挑衅性、污辱性甚至诽谤性的言语来嘲弄人，对这种人不能一味地礼让，而要针锋相对、反唇相讥，以自己的智慧，为自己赢得人格和尊严。

　　齐国的晏婴在出使楚国时就成功运用了针锋相对、反唇相讥的方法来克敌制胜。春秋时期，南方的楚国一天比一天强大起来，楚王自认为是"岭南虎"，想咬谁就咬谁。齐国虽是个大国，但楚国也不把齐国放在眼里。为了疏通国与国之间的关系，齐王派晏婴出使楚国。等到晏婴到达楚国的时候，楚王已传令说任何人都可以尽量羞辱晏婴。狭隘的楚王想借晏婴出气。当晏婴到达楚国时，前来迎接的官员见他那么矮小，就命令士兵打开城门旁边的侧门，瞧他进不进。晏婴仪表堂堂地站在正门前，一声不响。这时嬉皮笑脸的士兵走了过来，晃悠着脑袋指了指小门，说："您请进吧！"晏婴轻蔑地笑了笑，也虚指了一下侧门，打了个比喻,反击道:"这是狗洞!出使狗国的人,才走狗洞。"

对待小人就是不能给以脸面,晏婴就很好地维护了自己及齐国的尊严。我们再来看一个例子:

苏联著名诗人马雅可夫斯基在一次演讲中,刚说了一个笑话,下面就有观众大声地喊道:"您的笑话我听不懂。"

马雅可夫斯基幽默地回答道:"难道您是长颈鹿?听说只有长颈鹿才能星期一湿了脚,到了星期六才感觉到。"

演讲过了不久,又有一个身材臃肿的人挤到了主席台前面,对马雅可夫斯基喊道:"拿破仑说过,从伟大到可笑只有一步之遥。"马雅可夫斯基微笑着回答说:"是的,从伟大到可笑只有一步之遥。"边说边用手指着自己和那个胖子。

观众逐渐沸腾了起来,而挑衅的声音也此起彼伏。

"马雅可夫斯基,您为什么手指上戴戒指?这对您很不合适。"

"照您说,我不该戴在手上,而应该戴在鼻子上喽!"

"马雅可夫斯基,您的诗不能使人沸腾,不能使人燃烧,不能感染人。"

"我的诗不是大海,不是火炉,不是鼠疫。"

"马雅可夫斯基,您为什么喜欢自夸?"

"我的一个中学同学舍科斯皮尔经常劝我:你要只讲自己的优点,缺点留给你的朋友去讲!"

"这句话您在哈尔科夫已经讲过了!"一个人从他座上站起来喊道。

"看来，"诗人平静地说，"这个同志是来做证的。"诗人用目光扫视了一下大厅，又说道："我真不知道，您到处陪伴着我。"

一张纸条上写道："您说，有时应当把沾满'尘土'的传统和习惯从自己身上洗掉，那么您既然需要洗脸，这就是说，您也是肮脏的了。"

"那么您不洗脸，您就自以为是干净的吗？"诗人回答。

面对一些无礼的观众，马雅可夫斯基用机智幽默的话语成功地化解了无礼的挑衅，从而维护了自己的尊严。机智幽默的话语更好地展现了他身为一个大师应有的魅力。

"以其人之道，还治其人之身"的反驳术

当有人无理取闹时，聪明的人不妨以其人之道还治其人之身，进行有力而又不失礼的反击，一举攻陷对手。

"以其人之道，还治其人之身"是指按照对方的逻辑去理解或推论，由此及彼，最后物归原主，使其搬起石头砸自己的脚，自食其果。

这种返还幽默法，要善于抓住对方的一句话、一个比喻、一个结论，然后把它接过来去针对对方，即把对方给自己的荒谬语言或行为及不愿接受的结论，经逻辑演绎后还给他，以其人之道，还治其人之身。

这种方法用于对付那些耍赖之人最有成效，往往能使对方的

无理取闹不攻自破，使对方作茧自缚。

一位懒汉去朋友家做客。早晨起床后，自己不但不收拾床铺，朋友替他叠被时，他还振振有词地说："反正晚上要睡，现在何必去叠！"饭后，懒汉将碗筷一推，一动不动地坐在沙发上闭目养神。朋友又得收拾桌子，又得洗刷餐具，懒汉说："反正下顿还要吃，现在何必洗呢？"到了晚上，朋友劝他把脚洗一洗，这样既讲卫生，又有益于健康。懒汉又耍懒，反驳说："反正还要脏，现在何必洗呢？"于是，朋友打算惩治他一下。第二天，吃饭的时候，朋友只顾自己，对懒汉不管不顾。懒汉来到饭桌旁，见没有自己的碗筷，便嚷道："我的饭呢？"朋友问道："反正吃了还要饿，你又何必去吃呢？"睡觉的时候，朋友也同样只顾自己，不理懒汉，懒汉见状，焦急地问道："我睡哪儿？"朋友反驳道："反正迟早要醒，你又何必要睡？"懒汉急了，叫道："不吃，不睡，不是要我死吗？"朋友泰然答道："是啊，反正总是要死，你又何必活着？"说得懒汉哑口无言。

故事中的朋友紧紧抓住了懒汉的荒谬逻辑，顺竿上树，以其人之道，还治其人之身，使得懒汉无话可说。

在使用"以其人之道，还治其人之身"式幽默术时，关键在于抓住对方的语言逻辑，然后以此为基点，推出荒唐的结论，令对方的诘难不攻自破。

做老实人说老实话，本来应该是一条为人处世的准则，但若太过老实宽厚，反倒会纵容别人不适当的言行。所以，面对别人的无礼攻击和嘲笑挖苦，我们一定要学会以其人之道还治其人之身，维护自己的利益和尊严。

从前有位贪婪成性的大财主，每次吩咐别人办事时都想从别人身上揩点油水。有一天，财主派一名长工去买酒，但又不给长工钱，分明是要长工自己掏腰包买酒给他喝。长工感到有些莫名其妙，便问："老爷，没有钱怎么能买到酒呢？"财主生气地说："花钱买酒谁不会呢？要是你能不用钱就买回酒，那才是有本事呢！"这位长工本来就机智过人，他知道财主的心眼小，于是，便一言不发地拿着酒瓶出去了。

过了一会儿，长工拿着空瓶回来，他走到财主身边说："老爷，酒买回来了，你慢慢喝吧！"财主拿过酒瓶一看，里面空空如也，便大发雷霆："岂有此理，你是怎么给我办事的？酒瓶空空，叫我喝什么？小心我扣你半年工钱！"

那位长工慢悠悠地说道："老爷，酒瓶里有酒谁不会喝，你要是能够在空瓶里喝出酒来，那才是真有本事呢！"财主气得直翻白眼，一句话都说不出来。

显然，这位大财主只想占长工的便宜，如果长工不能有效地反驳他荒谬的论调，就有可能遭到财主的严厉训斥，或者是自己贴钱给财主买酒，无论如何，吃亏的都是他自己。

在现实生活中，如果我们遇到了无理取闹、蛮不讲理的人，也一定要据理力争，适当反驳，切不可一味地任其摆布。那么，具体应该如何去反击这种无理取闹的行为，让对方承认自己的错误呢？首先，要控制自己的情绪。以大丈夫的涵养与气量，在气质上镇住对方。然后，要冷静考虑对策，从中选出最佳方案，以免做出莽撞之举。最后，还要选准打击点，反击力要猛，使对方哑口无言。

嘉华和浩明同是一家外贸公司的职员，他们的主管是从日本留学回来的。由于这家公司主要从事对日贸易，所以稍微懂得点日语的人很吃香。他们的主管能说一口流利的日语，自然成为老板眼中的红人。但这个主管是个很高傲、瞧不起人的人，尤其当他得势之后，就更加目中无人了。对手下员工大吼大叫是家常便饭，最让员工看不惯的是，主管经常用日语骂人。

嘉华、浩明和几个同事都会一点日语，所以经常被主管要求用日语对话。一旦他们听不太懂的时候，主管就会用极其鄙视和嘲笑的口气说："你们这些人简直笨得要死，连简单的对话都学不会。"类似这样的语言常常把他们说得无地自容。

几次被主管的言词侮辱之后，浩明决定不再跟主管用日语对话了。主管用日语问问题，浩明就用汉语回答，这样一来可把主管激怒了，大声地用日语骂开了。虽然自己日语并不流利，但是浩明听得出来那都是很难听的脏话。浩明再也无法忍受这样的主管了，于是当天就递了辞呈。

嘉华不太赞同浩明的做法，他选择了积极应战。于是嘉华努力学日语，不知不觉两年过去了，嘉华的日语进步飞快。除了平时跟主管对话已经很少出错之外，对于公司的业务也开始直接参与,不像从前那样只做幕后工作了。

有一次,主管吹毛求疵,对嘉华工作中不满意的地方唠叨了起来,嘉华不慌不忙地开始跟主管辩解,不但日语说得流利顺畅,句句有理、头头是道,并且架势咄咄逼人。虽然平时经常对话,但也都是些商务常用句子,今天嘉华张口说了这么一大串来,主管也很吃惊,最后被嘉华逼得无话可说。办公室里顿时响起了雷鸣般的掌声,大家都为嘉华的精彩表现而叫好。

主管从那次以后也收敛了许多,因为公司里不再只有他一个人能够流利地讲日语了。而且由于他以前对待员工的态度太差,人缘也不好,不久就被降职了。

浩明选择逃避,而嘉华选择积极面对。其实嘉华战斗的方式很简单,就是"以其人之道,还治其人之身"。主管个性高傲,而这种高傲的资本就是他懂日语,所以嘉华努力学习日语并以此为"武器"对付他。

总之,对于故意寻衅的人和尖酸刻薄的语言,我们一定要学会反击,而不能一味地忍让和宽容,让对方得意。

以毒攻毒,让对方自食其果

总有那么一些人爱故意找茬儿、寻衅滋事,这时我们如果退避三舍,必会遭人耻笑;如果视而不见,也难免有软弱之嫌。所以以毒攻毒,让其自取其辱是最好的办法。

阿凡提以风趣和机智著称。他经常运用诱导的语言技巧，替平民百姓伸冤出气，惩治那些贪心的人。

有一天，阿凡提到一位以吝啬贪婪闻名的地主家去借锅，地主当然不肯，最后把阿凡提的小毛驴留下做抵押，才让他拎锅出门。第二天，阿凡提准时来还锅，并且还带着一只小锅，地主好奇地问："阿凡提，你带这个小锅来干吗？"阿凡提故作神秘地说："老爷，你昨天借给我的锅是一只怀了孕的锅，今天早上我到你这儿来的时候，它刚好生了一只小锅，所以我一并带来还给你啦！"地主当然不信锅会生孩子，但为了得到这只小锅，他装模作样地说："是啊！是啊！我昨天借给你锅时，它正怀着孕呢！"然后让阿凡提牵走了小毛驴，并假装慷慨地说："阿凡提，今后不管你要借什么东西，都尽管来借好了。"

从此以后，阿凡提每借一次东西，都会依样还给地主一件小东西，地主笑得合不拢嘴，心里却不停地嘲笑阿凡提。

过了半个月，阿凡提愁眉苦脸地对地主说："老爷，我的母亲生病了，我想借你那口祖传的金锅去给母亲煎药。"地主一想到过几天就有两只金锅到手，便急忙地把金锅借给阿凡提。谁知这次阿凡提过了很久都没来还锅，地主等得不耐烦，决定亲自上门去讨。正准备出门，阿凡提急匆匆地跑进来，上气不接下气地说："老爷，不好啦！你借给我的那只金锅难产死了！"地主大吃一惊，瞪起眼骂道："锅怎么会死呢？"阿凡提立即扬高声音说："老爷，你既然相信锅会生小孩，那它为什么不会死呢？"贪心的地主被自己的无知和贪婪弄得哑口无言，不仅失去珍贵的东西，而且还成为大家的笑柄。

聪明的阿凡提，算得上是高明的说话大师。他先摸清对方的性格特点，然后欲擒故纵，以毒攻毒，诱使对方犯下错误，自食恶果，最后将其轻易地驳倒。

孔融10岁那年，他父亲带他到京师拜见了河南尹李膺。那天，李府宾客满堂，尽是当朝达官显贵、名士贤卿。李膺传话，如果不是朝廷命官或世交至亲，概不接见。孔融当即回话："我先祖孔子与大人先祖老子（李耳）乃是至交，我们不也应是世交吗？"于是李膺非常高兴地把孔融介绍给大家，众人对孔融年少多智赞不绝口。唯有大夫陈伟不以为然，根本不把这个乳臭未干的娃娃放在眼里，轻蔑地说："小时聪明，长大未必能怎么样。"孔融听到后，很有礼貌地反问道："那么您小时候一定是聪明的啦？"陈伟本想嘲笑孔融，但没想到却打了自己的脸。

当有人故意找茬儿时，我们可以以毒攻毒，使对方自食其言。然而在运用这种说话术时一定要先投其所好，掌握对方的心理弱点，让对方走进陷阱而无法自拔。

齐国的晏婴将出使楚国。楚王知道这个消息后，便对他左右的人说："晏婴是齐国很善于言辞的人，现在正动身来我国，我想侮辱他，用什么办法呢？"左右的人出了个主意。

晏婴来到了楚国，楚王举行酒宴来招待他。酒兴正浓时，两个差人捆着一个人走到楚王的面前。楚王故意问道："你们为什么要捆绑这人？"差人回答说："他是齐国人，犯了偷盗罪。"

楚王笑嘻嘻地望着晏婴，说："齐国人本来就善于偷盗，是吗？"

晏婴站起来离开席位，郑重其事地回答说："我曾听说过这样一个故事：橘树生长在淮河以南，是橘树；生长在淮河以北，就成了枳树。橘树和枳树虽然长得很像，但它们结出的果实味道却不大相同。橘子甜，枳子酸，为什么呢？由于水土不同啊！如今，在齐国土生土长的人，在齐国时不做贼，一到楚国就又偷又盗，莫不是楚国的水土使老百姓惯于做贼吗？"

楚王听后苦笑着说："德才兼备的圣人，是不能同他开玩笑的，我现在有些自讨没趣了。"

毫无疑问，以毒攻毒，让别人自食其果的反驳说话术是应对故意找茬儿，挑衅生事之人的最好办法。当反驳之时巧妙地运用这种反驳术，不但可以让对方哑口无言，同时也维护了自己的尊严。

放大对方的荒谬之处是反驳的妙招

面对别人不适当的言行，有时候不宜直接回击，而应放大对方的荒谬之处，这样，不仅能够巧妙地表明自己的态度，又能让对方知错就改。

世上总有一些不讲道理的人，碰到这些无理的人时，最好的办法便是放大他们的荒谬言论,加以点拨,让对方知趣地退让。

晏婴在齐景公身边,经常通过放大荒谬的方法迫使齐景公改变一些荒谬的决定。比如,一个马夫有一次杀掉了齐景公曾经骑过的老马。原来是那匹马生了病,久治不愈,马夫害怕它把疾病传染给马群,就把这匹马给宰杀了。齐景公知道后,就斥责那个马夫,一气之下竟亲自操戈要杀死这个马夫。晏婴在一旁看见了,急忙抓住齐景公手中的戈,对景公说:"你这样急着杀死他,使他连自己的罪过都不知道就死了。我请求历数他的罪过,然后再杀也不迟。"齐景公说:"好吧,我就让你处置他。"

晏婴举着戈走近马夫,对他说:"你为我们的国君养马,却把马给杀掉了,此罪当死。你使我们的国君因为马被杀而不得不杀掉养马的人,此罪又当死。你使我们的国君因有马被杀而杀掉了养马人的事,传遍四邻诸侯,使得人人皆知我们的国君爱马不爱人,得一不仁不义之名,此罪又当死。鉴于此,非杀了你不可。"晏婴还要再说什么,齐景公连忙说:"夫子放了他吧,免得让我落个不仁的恶名,让天下人笑话。"就这样,那个马夫也被晏婴巧妙地救了下来。

还有一次,齐国有一个人得罪了齐景公,齐景公大怒,命人将这个胆大包天的人绑在了殿下,要召集左右武士来肢解这个人。为了防止别人干预他这次杀人举动,他甚至下令:"有敢于劝谏者,也定斩不误。"文武百官见国王发了这么大的火,没人敢上前劝阻。晏婴见武士们要动手了,急忙上前说:"让我先试第一刀。"众人都觉得十分奇怪：晏相国今天怎么啦？只见晏婴左手抓着那个人的头，右手磨着刀，突然仰面向坐在一旁的齐景公问道："古代贤明的君主要肢解人，你知道是从哪里开始下刀吗？"齐景公赶忙离开坐席，一边摇手一边说："别动手，别动手，把这人放了吧。"那个人早已吓得半死，等他从惊悸中恢复过来，真不敢相信头还在自己身上，连忙向晏婴磕了三个大响头，死里逃生般地走了。

正话反说可以放大荒谬，让对方看到自己荒谬言行的真面目，从而达到了更好的劝谏效果。总之，说反话的效果源于它的"显微镜"作用，荒谬之上再加上荒谬，则荒谬就无处躲藏，显而易见了。

幽默用语让对方的话不攻自破

面对别人苛刻的意见和要求，用幽默的言语回敬对方，不仅能够巧妙地表明你的看法和立场，而且不至于让场面过分尴尬。同样，当别人故意找茬儿、妨碍你工作时，运用幽默的力量也能够有效地处理好眼前的问题。

人生常常有许多尴尬的时刻，在那一瞬间，我们的尊严被人有意或无意冒犯，或者被喜欢恶作剧者当众将了一军。此时，有的人感到自己丢尽了脸面，无地自容，恨不能找个缝钻进去；可是有些人却能面不改色，从容自若地谈笑如故，将有伤自己脸面的尴尬局面化解。

萧伯纳的著名剧作《武器与人》初次演出，大获成功。应观众的热烈要求，萧伯纳来到台前谢幕。此时，却从座位里冒出一声高喊："糟透了！"整个剧场立刻变得鸦雀无声，空气似乎凝固了一般。面对这种无礼的行为和紧张的局面，萧伯纳微笑着对那人鞠了一躬，彬彬有礼地说道："我的朋友，我同意你的意见。"他耸了耸肩，看了看刚才正热烈喝彩的其他观众说："但是，我们俩反对那么多观众又有什么用呢？"顿时，观众中爆发出了更为热烈的掌声和喝彩声。

在这种情况下，对别人无礼的行为予以必要的回击，既是维护自己尊严的需要，也是讽刺对方的正当行为。但怒气冲冲地回击和辩论都不可取，最理想的方法是幽默地回敬。萧伯纳的话语温文尔雅，表面看来似乎是对对方表示理解，实则是一种强有力的反击。

人生在世，有时候难免会受到别人突如其来的攻击，此时你需要保持冷静，选择适当的反击语言和谈话技巧才能化解危机。

有个叫比尔的人，常以愚弄他人而自得。一天早上，他坐在门口吃面包，看见一位老大爷骑着毛驴从远处过来，于是他就喊道："喂，吃块面包吧！"

老大爷出于礼貌，从驴背上跳下来说："谢谢您的好意，我已经吃过早饭了。"比尔却一本正经地说："我没问你呀，我问的是毛驴。"说完，很得意地一笑。

对比尔这一无礼侮辱，老大爷十分气愤，却又无法责骂这个无赖。他抓住比尔"我和毛驴说话"的语言破绽,狠狠地进行了反击。

他猛地转过身,"啪、啪"照准毛驴脸上就是两巴掌,骂道:"出门时我就问你城里有没有朋友,你斩钉截铁地说没有,没有朋友为什么人家会请你吃面包呢?"

"叭、叭"对准驴屁股又是两鞭,说:"看你以后还敢不敢乱说!"骂完,翻身上驴,扬长而去。

人生在世,总会遭遇无数的痛苦、悲伤,如果你善于运用幽默的力量,能够主动地去创造幽默,那么世界一定会充满了欢笑。面对别人的不友好言行时,如果处处针锋相对,只会让矛盾越积越深,而运用幽默的力量则能够巧妙地打破紧张的局面。而且凭着你的幽默,你还可以同别人建立起一种良好的关系,获得别人的喜爱和支持,做起事来自然事半功倍。

反驳要抓住对方话语中的破绽

当别人找茬儿或者挑衅时,我们要从别人的话语中找出破绽,以其人之道,还治其人之身。

俗话说,有理走遍天下。但在现实生活中,双方对垒,有时会出现这样的情况——有理的被对手置于困境,竟寸步难行。或者对手是掌权者,凭借权力,以势压人;或者对方刁钻泼辣,不讲道理。面对这种情况,如果有理的一方不甘忍辱含垢,必定要与之争辩。那么在论辩时,你说的话最好要切中问题的关键,使对手理屈词穷,从而变颓势为胜局。

齐宣王是个骄横、虚荣的人。有一次齐宣王召见颜斶,却碰了一个钉子。

齐宣王坐在自己的宝座上,露出骄横之态呼道:

"斶,过来!"

颜斶对此很不满。他也学着齐宣王那高贵的样子,竟然对齐宣王呼道:

"王,走过来!"

齐宣王气得发抖。

左右侍臣慌了,对他喝斥道:"王是人君,你是人臣,王叫你过来,天经地义;你叫王走过来,难道可以吗?"

颜斶不慌不忙地辩道:"若论道理应该可以。我若走过去,是仰慕王的势利;而我呼王过来,则是让王表示趋奉贤士。我觉得与其叫我做仰慕势利之事,倒不如让王做趋奉贤士的好君王!"

齐宣王尽管心里明白,但面对颜斶这等爱君爱国的高论也不好发作。

抓住要害反驳对方需遵循以下步骤:首先,在貌似强大的对手面前,自己的态度要坚毅刚强,要抱必胜的信心;其次,揭露强敌的理由要充足有力,举证要确凿无误,不让对手有空子可钻;再次,触机便发,言词犀利,字字句句要有分量;最后,釜底抽薪,当头棒喝。要让对手感到,再不还以公道,待产生严重后果时就悔之晚矣。此外，反击的言论或举动还应高出对方一筹，这样，才能在两相对照之中，既保持主动地位，又能够打动对方，产生巨大的说服作用。

把握语言反击的有效性

不适当的或者过度的反击并不能起到有效的反击作用，因此反击时，一定要把握好度，使自己的语言反击更有效。

在冲突中，我们反击的目的是调节和改善自己所处的人际关系环境，是为解决矛盾而不是扩大矛盾。这是反击有效性的重要标志。良好的口才是战胜对手的一大法宝，但良枪在手，用不好也会走火，伤人害己。因此，利用语言进行反击时，必须要把握好度。

所谓度，就是要按照自己对环境的敏锐判断，明确自己的优势和劣势，准确把握该说什么、怎样说、说到什么程度。

要掌握好度，首先要抓住主要矛盾，不要扩大打击面，不应把本来可以争取的中间力量甚至朋友统统都推到与自己对立的阵营中去，使自己陷于孤立、被动地位。

其次，应控制打击的力度，不要一棍子把人打死、一句话把人噎死。反击时应为对方留一点余地，掌握打击的分寸。因为大多数人都爱面子，给对方留有余地实质上是为缓和彼此间的冲突留下了回旋的空间，也为自己留了一条后路。如果你把他逼进了死胡同，他别无选择只能与你对垒。结果，双方剑拔弩张，到头来两败俱伤。这并不是我们反击的目的。然而，在生活中许多人并不能深刻理解这一道理。

阿伟暗恋上了佳佳，但佳佳心有他属，并不为他所动。终于到了佳佳的生日了，阿伟决定在生日晚会上"火"一把。在摇曳的生日烛光里，阿伟动情地唱起了"爱，爱，爱不完……"佳佳感觉阿伟在大庭广众之中令自己很难堪，但她只淡淡笑了笑，以舒缓的语调说："看不出阿伟平时不声不响，原来歌喉如此优美。我们该为将来那位有幸拥有他深情歌声的小姐祝福。"一句话，似是赞美，但给了阿伟当头一棒。既给阿伟留足了面子，又使自己轻松婉拒了他的心意。

事实上，在现实生活中，只有把握好语言反击的广度和深度，才能保证语言反击的力度，有效地达到反击的目的，使自己不再受气。

以妙语暗示自己的实力，让对方知难而退

有时，我们基于种种限制，无法直接反驳对方，这时不妨用妙语暗示自己的实力，让对方知难而退。

实力是一个人的资本。实力摆在明处，别人自然不敢造次。但实力若被隐藏，不为人注意，有可能就得受气。因此，在必要场合时，于不动声色中显示自己的实力，可以让对方知难而退。

绵里藏针，是暗示自己实力的一种有效方法。其特点是含而不露。在反击中，语调平和，言词委婉得体，既予对方以尊重，不伤害对方的情感和体面，又巧妙地暗示自己也不是好惹的。一般情况下，对方会知趣地就此打住。

有位经理，本性好色。一日，见一位公关小姐姿色美艳，便恭维道："小姐，你是我见过的最漂亮的女孩子。今晚下班后我请客，不知小姐可否赏光？"公关小姐虽然厌烦至极，但职业的本能使她必须有所克制。于是，她彬彬有礼地答道："这位先生，非常抱歉。下班后我必须去武术学校见我的男朋友。"

"你是说你的男朋友在武术学校？"经理半信半疑地问。

"是的。我们是同学。"

这下可令这位经理目瞪口呆了。他怎么也想不到面前这位身材匀称的姑娘身怀武艺，这就已够他应付的了，更何况还有一位武术学校的男朋友。公关小姐见状，意味深长地笑起来："他可是个醋坛子。这事我可不敢含糊。"这位心存非分之想的经理只得干笑着离开了。这位小姐没有横眉冷对，也没有出言不逊，而是于淡淡的话语中暗示了自己的实力，使原本轻视她的经理顿时望而生畏。

这种绵里藏针，以妙语暗示自己实力的反击方法，柔中见刚，达到以柔克刚的效果。公关小姐运用此法不仅巧妙地使自己摆脱受气的境地，又无损对方的体面，而且以自己良好的修养显示了内在的威慑力。

用沉默进行反击

沉默是一种特殊的语言,在某些情况下,恰到好处的沉默比口若悬河的反击更有效。只要我们因时因地适当把握、运用它,沉默也能成为一种有效的表达方式,其效果有时甚至会超过直言抢白,具有特殊的威力。

卡耐基认为,如果你很想说话,就先问自己:你为什么想说话——是为了自己的利益,还是为了别人的利益。如果是为了自己,那就努力保持沉默。

对过于疯狂的人最好的回答就是沉默,因为说不定回答他的每一个词都会反过来落到你头上。

在特定的环境中,保持沉默常常比论理更有说服力。我们说服人时,最头痛的是对方什么也不说。反过来,如果劝者什么也不说,对方的错误意见就不攻自破了。

在日常交往中,沉默往往会给你带来益处,在某些场合,沉默不语可以避免招惹事端。许多人在缺乏自信或极力表现得有风度时,可能会不假思索地说出不合适的话给自己带来麻烦。

适时地保持沉默不仅是一种精明之道,而且也有实际的好处。常言道:"沉默不会使人后悔。"

一位女士的经验证明了这一点,她说:"当我们的第一个孩子出世时,我丈夫由于工作繁忙,对我和孩子疏远了。几周以后,我感到精力大耗，并想大发雷霆。

"一天我给他写了封充满怨言的信。然而不知为什么我没把信给他。第二天，丈夫提出要给婴儿换尿布，并且说：'我想我现在应该学着做这些事了。'

"尽管我不知道他为什么会改变想法，但还是非常高兴地把信烧了，并暗自庆幸我给了他机会。一场争吵就这样雨过天晴了。此后，他一直对我很好。"

人们往往不善于沉默，而沉默却往往是适用于各种情况的一种策略。有时片刻的沉默也会产生意想不到的效果。

有些问题根本就不值得提出来，你也不希望大动干戈地把小分歧变成大冲突。花费时间和精力纠缠于鸡毛蒜皮的分歧是不明智的，特别是那些不大可能会影响人们工作质量或者那些你很可能在一周或一个月后就忘记的分歧。如果冲突只涉及不重要的关系或者不会持续很久，那就可以保持沉默。

即使分歧非提出来解决不可，也有个机会问题。例如，如果不合时宜地向你的领导提出一个亟待解决的、新的棘手问题，可能就会徒劳无益，除非提出来的问题对手头的工作非常重要，并且确实有足够的时间来解决这个问题。但等到过了这段紧张时间，人们能集中精力研究你必须说出来的问题时再提，也许是最好的选择。

此外，当你自己或他人正在生气的时候最好对分歧闭口不谈，从长远来说这是有益的。如果你跟朋友刚发生争吵，你们两个人的情绪都很激动，那就等以后你们都冷静下来、能够心平气和地讨论问题的时候再安排时间交谈，只有在那个时候你们才能进行有实质意义的讨论而不是相互指责。但是，如果你推迟难度很大的交谈，一定不要无限期地拖延，否则，那些没有解决的分歧一定会重新落到你头上。

什么问题必须讨论或者最好在什么时候讨论并没有一成不变的规则，而是必须依靠自己的判断。重要的是，你的心态应当转变，从问"现在是不是难得的、应当实话实说的时候"，转变为问"现在是不是难得的、应当保持沉默的时候"。

沉默，有时候真的很有必要！

第七章

提问说服：
投石探路，瞬间看穿
人心的超强问话术

问话热身，消除冷状态

第一次见面，不管出于怎样的目的，总希望尽可能多地了解对方，一个又一个的问题就这样问了出来。殊不知，这样的问话方式会给对方造成不适之感，对你本就不熟悉的另一方，戒心会更重。最开始问话的一方往往觉察不到这种迹象，直到对方表现出明显的回避与提防的情形时，问话方才不得不就自己的问话做一番解释。于是疑云消散，双方的交谈才逐渐融洽。但是，如果在对话的最开始就先讲明自己询问某些事的原因，交流的效果是不是会更好呢？

小超是动漫爱好者，最近又迷上飞机模型的制作，经人介绍认识了一个叫赵彦的模型高手，两人一见面就谈了起来。

小超："听说你是这方面的行家？"

赵彦："也不算吧，只是喜欢玩而已。"

小超："你做这个多少年了？听说这行里的有些人很神秘，之前都是专门做飞机的？飞机的原理是不是很复杂？有没有什么有意思的事透露一下?"

听了小超的这几句话,赵彦的面部表情突然严肃了起来。

"你问这些干什么?我不知道。"

感到对方有明显的抵触心理,小超连忙说道:

"不好意思,我解释一下,我之所以问你飞机原理的事,是因为我最近在学着做飞机模型,我朋友没跟你说?"

赵彦摇摇头:"他只说你想认识我一下,没说具体是什么原因。"

"噢,那就是我的不对了,我应该提前告诉你我那么问的原因。除了飞机原理,我还想知道咱们国内制作飞机模型的整个状况,经费啊,材料源啊,等等,毕竟我刚接触这个,这方面的知识还非常缺乏,可以吗?"

"当然啊。你一解释我就明白了,不然一见面就问我飞机原理什么的,我以为你是间谍呢。"

"哈哈,我的错,我的错。"

小超就犯了只顾问而没有解释的错误。他的问题让对方疑虑重重,甚至因为问题的敏感怀疑他是间谍。因为有这样的想法,对方的心就会关闭得更严,而交流自然无法畅通。在这个过程中,对方还是一副戒备心,没有把小超当真正的朋友,而小超那样问,也是没读懂对方的表现。

不熟悉的人相见,认知总需要一个过程,切不可因为想急切了解某些问题而忽视了思想"互通有无"的过程。简而言之,就是让对方对你跟他对话的目的有个大概的了解，让他心中有数，他才会对你的问题予以解答。

小超从一开始就问，到后来对问话予以解释，就是感觉到了对方内心的变化：由陌生到抵触，不解释可能更加防备，这样发展下去的后果很可能是不欢而散。小超热情四溢，对方却一直是冷状态。

所以，生活中，当我们与某人第一次见面时，不管有多想了解对方，一定不能忽视问话禁语的问题，要耐下心来慢慢诉说。尤其要注意的是，在一些需要解释的问题之前做出必要的解释，跟对方说明自己这样问的意图。这样才能让他最大限度地敞开心扉说出自己的想法，你也会更加了解这个人。

求同存异，认同与被认同里的玄机

一个严冬的夜晚，两个人初次见面。

对话一：

"今天好冷啊。"

"是啊。"

"……"

"……"

对话二：

"今晚好冷！像我这种南方人，尽管在这里住了几年，但对这种天气还是难以适应,你感觉怎么样?"

"是啊,我父母虽然是北方人,但我也是从小在南方长大的,在这里还是也不适应。"

"你也是南方的?你是南方哪儿的?"

"我是南方……"

以上两段对话均来自两个陌生人初次见面的情景。在第一段对话里,两人见面说的第一段话非常普通:"天很冷啊"、"是啊"。从字面上就能判断出双方的聊天能力一般。

第二段对话则不同。第一个人见面就说自己是在南方长大的,对北方这种寒冷的天气很不适应,然后又问对方感觉怎么样。对方虽不是纯正的南方人,但也是在南方长大的,因此,两个人有共同话题,你来我往间,彼此就会越来越融洽。

从第二段的话中可以分析出,见面的两人一个是纯正的南方人,另一个只是从小在南方成长,父母是北方的。两者虽有差异,但主动问话者故意忽略了这种差异,只强调双方的相似性:都在南方有一段成长经历,对北方寒冷的冬季极不适应。因为有了相似的经历,话题才会越来越多。

从心理学上讲,人往往会因为彼此间相似的秉性或者经历走到一起,在认同和被认同的过程中,慢慢由陌生变得熟悉。没有人希望与自己对话的那个人是个和自己没有丝毫相同点的人,那样的话,两人很难有聊得来的话题。甚至,有可能爆发矛盾冲突,这也就是第二段的问话人求同存异的原因。

因为有了相同的地方,第一次见面的两个人才会渐渐有亲切感,慢慢放下戒备的心。除此,消除陌生感的方式还有以下几种:

1. 攀认式

赤壁之战中,鲁肃见诸葛亮的第一句话是:"我,子瑜友也。"子瑜,就是诸葛亮的哥哥诸葛瑾,他是鲁肃的挚友。短短的一句话就定下了鲁肃跟诸葛亮之间的交情。其实,任何两个人,只要彼此留意,就不难发现双方有着这样或那样的"亲"、"友"关系。

例如,"你是××大学毕业生?我也在××进修过两年啊。你还记得××吗?"

"你来自苏州?我出生在无锡,两地近在咫尺,今天得好好聊聊!走,有没有兴趣喝一杯?"

2. 敬慕式

对初次见面者表示敬重、仰慕,这是热情有礼的表现。用这种方式必须注意:要掌握分寸,恰到好处,不能胡乱吹捧,不要说"久闻大名,如雷贯耳"之类的过头话。表示敬慕的内容也应该因时、因地而异。

锲而不舍,由浅及深问到底

在某些沉闷的环境里,没有人愿意开口跟陌生人说一句话,那是出于一种防备心理,在这种时候,该怎么办呢?你也要一直沉闷下去吗?

假如你正坐在火车上,已经坐了很久,而前面还有很长很长的路程。你想与他人讲讲话,这是人类的群体性在作祟,而你要尽力使你的谈话显得有趣和富有刺激性。

坐在你旁边的像是一个有趣的家伙,而你颇想知道他的底细,于是你便搭讪道:

"对不起,你有火柴吗?"

可是他一句话也不讲,只是点点头,从口袋里掏出一盒火柴递给你。你点了一支烟,在还给他火柴时说了声"谢谢",他又点了点头,然后把火柴放进了口袋里。

你继续说:"真是一段又长又讨厌的旅程,你是否也有这种感觉?"

"是的,真讨厌。"

他回答着,而且语调中包含着不耐烦。

"若看看一路上的稻田,倒会使人高兴起来。在稻谷收获之前的一两个月,那一定更有趣吧?"

"唔,唔!"他含糊地答应着。

这时,如果你再也没有勇气问下去,你们的谈话就会到此为止,沉默就会继续。但如果你不再只是问一些表面问题,而是换一个稍微深入的,能引起他兴趣的话题,对方可能就不再沉默了。

"今天天气真好啊,真是适合踢球。今年秋天有好几个大学的球队都很出色,你对这件事有关注吗?"

这时，那位坐在你身旁的乘客直起身来。

"你看理工大学球队怎么样？"他问。

"理工大学球队很好，虽然有几个老将已经离队，但那几位新人都很不错，对这个球队你也关注？"

"嗯，是的，你曾听到过一个叫李小宁的队员吗？"他急着问。

或许李小宁这个人你听说过，或许没听说过。这都不是关键，关键是李小宁这个人能引发对方的谈话兴趣。你就可以顺着他的话说："他是一个强壮有力、有技巧，而且品行很好的青年。理工大学球队如果少了这位球员，恐怕实力将会大减。但是李小宁毕业了，以后这个队如何还很难说。怎么，你认识他？"

这位乘客听了这话便兴高采烈、滔滔不绝地谈了起来。

可见，人与人相遇，并不是无话可聊，而是没有找到适合双方的话题。这样的话题常常需要一个试探的过程，而要想经历这个过程，就要有锲而不舍的精神，不能因为一两次的受阻就不再问下去。问得越深、越广、范围越大，就可能找到尽可能多的谈资。挖掘到对方最感兴趣的话题，让原本陌生的两个人逐渐熟悉起来，谈话气氛也会变得融洽。

面对陌生人的时候，为了迅速打开话匣子，可熟练掌握以下几种方法：

1. 从对方的口音找话题

对方的口音可以告诉我们他大概的出生地或者居住过的地方，从此处入手，就可询问相关的风土人情、著名人物等问题，激发对方的谈话欲望。

2. 从与对方相关的物品找话题

对方携带的东西通常跟他的兴趣和爱好有关，从此处入手，更容易打开对方的话匣子。如果对方拿着一本体育杂志在看，一句"你是喜欢体育吗"，就会让双方的距离瞬间缩短很多。

3. 从对方的衣着打扮找话题

一个人的穿着常常反映他的品位，如果从他衣服的品牌开始交谈，沟通或许会更加融洽。

投桃报李，亲近之人也需"糖衣攻势"

李凌今年27岁了，能力很强，做过几年生意，小发了一笔。但他不满足，总想干个大点的生意才过瘾。刚好村里的鱼塘要对外承包，他有心把池塘承包下来，只是手头上的资金还是不够。

他左思右想，想到了他的一个远房亲戚，是他母亲的表弟，按辈分应该叫老舅的，在县城承包了一个企业，经营得不错，是县城有名的"土财主"。可是李凌想到自己与他关系疏远，好长时间没有走动了，贸然前去，显得突兀不说，事情还肯定办不了。怎么办呢？他决定先把关系搞好，和这位老舅亲近起来。他打听到这几天老舅身体不太好,时常犯病,就看准时机,拎了一大包的滋养品,来到老舅家。

"老舅啊,有些日子没来看您了,您老人家怎么病了啊?年纪大了,可要多注意身体,别太操劳了。今天给您带了些东西过来,补补身子,您不会嫌少吧?"

李凌非常热情地说着,并把东西放到老舅的桌子上。

俗话说"礼多人不怪",虽说两家好长时间不走动了,但今天外甥拎了那么多的东西上门,而且是在自己生病的时候,这位老舅心里格外高兴:

"小子,你今天能过来,老舅我就别提多高兴了。今天中午咱俩喝两杯。"

于是,李凌就留下热闹了一番。

自此,两家关系好了起来。以后李凌隔三岔五地来看他老舅。不是问他身体怎么样,就是问他最近想吃什么,面面俱到。看到李凌这么关心自己,老舅也非常高兴,视李凌如亲生儿子一般。李凌一看时机成熟了。这天他拎了两瓶酒到了老舅那里,两人喝了起来。

李凌说:"老舅,上次我给你买的补品吃完了吗?吃完了的话我再给你买。"

"不用了,太破费了,还有好多没吃完呢。孩子,我看出来了,你对老舅不错,我是你长辈,往后有什么困难尽管和我开口。"

李凌一听，故作激动万分的样子，就连忙把承包鱼塘的事情说了。

老舅听了之后说：

"好啊，有志气，有魄力，老舅大力支持……做人就应该干一番事业。想法很好，不过具体做时一定要慎重，年轻人千万不能急躁。"

李凌连忙点头称是，接着把资金短缺的事情也说了出来。最后，李凌顺利地从老舅手里借到了3万元并承包了鱼塘。

无论求谁办事，即使是和自己关系亲密的人、有血缘关系的亲戚，也要懂得投桃报李。

李凌想承包鱼塘开创一番自己的事业，但是缺少足够的资金支持。就在不知如何是好的时候，他想到了自己的老舅。老舅家底殷实，可以在资金上给予他支持。但李凌明白一个道理，即使是亲戚，求他办事的时候也要注意方法，不能想当然，也要懂得适时给予回报。

为了搞好和老舅的关系，李凌开始频繁地出入他家。关心他的身体，关心他的方方面面，还给他买各种补品。在这个过程中，原本有些疏远的两家慢慢亲近，有了这些铺垫，李凌才开口求舅舅办事。

李凌对舅舅的关心不是虚情假意，只是一种求人办事的方式。即亲戚之间也要给些好处。现在的很多亲戚交往中，存在着一种误区，那就是：亲戚关系是一种血缘、亲情关系，彼此都是一家人，互相帮忙办事都是分内之事，都是应该的，没必要像其他关系那样客套。其实，这种想法是不对的。血缘关系虽说是"割断了骨头连着筋"，但亲情的维护与保持也在于彼此之间的相互帮助与知恩图报上。

所以，在故事中，当感觉到李凌这么关心自己，他的舅舅也非常高兴，尤其是李凌对其嘘寒问暖的时候，他的心里也暖暖的。猜想一下，即使舅舅知道李凌是为了让自己帮他才这么做的，舅舅也会心甘情愿地帮他。明白事理的孩子总是招人喜欢的。当然，这其中更关键的是他的问话，人毕竟是感情动物，还是听觉动物，听到别人关心自己的生活起居，就会有一种感动油然而生，有了这种感觉，办事就会容易许多。

生活中，不管是亲戚还是其他有紧密关系的人，一旦要麻烦他为自己办事，就可学着嘴甜一点，腿勤一点，多给对方一种被关心、被呵护的感觉，他自然而然会给你提供帮助的。

借花献佛，潜伏在"醉翁"心里的游戏

有时候，邀请别人赴宴是一件难事。不是因为关系不好，而是因为对方本来就是个不爱赴宴的人，遇到这种情况应该怎么办呢？

有一名年轻人，胸怀大志，他很想自己开一家小公司，资金却是大问题。他想到可以求同学的父亲帮忙，于是千方百计地从

同学那里打听到其父喜食海鲜，便决定到附近一家海鲜馆宴请同学的父亲。这位年轻人也从同学口中得知其父不轻易赴宴，于是年轻人就想了一个方法。

月末的一天，这位年轻人很早就给同学打电话得悉其父周末在家休息。于是他在上午10点左右风风火火地跑到那位同学家，当着其父亲的面告诉同学自己投资的一个项目赚了一笔钱，要请同学吃海鲜，同时也大力邀请同学的父亲一起去。

"叔叔，我投资的一个项目赚了一笔钱，我们想坐一起高兴高兴，您作为长辈就更不能缺席了不是？"

刚开始同学父亲有些犹豫，他就对同学说："让你爸爸跟咱们一起去热闹热闹，也不算什么过分的事吧？"

同学听了这句话，笑着看看爸爸，他爸爸也笑笑说："好，好，那我也跟着凑凑热闹。"邀请之事就这样办妥了。

在酒桌上，年轻人和同学的父亲谈起自己的生意，并说了自己眼前遇到的困难，希望对方能帮助自己。当时同学的父亲并没有答应，而是说回去考虑一下。没想到，一周之后，同学就告诉他，自己的父亲愿意帮他办公司，那位年轻人自然高兴得不能自已。

很多时候，怎样邀请别人成功赴宴是一门很深的学问，尤其是让别人为自己办事的时候。在上面的故事中，年轻人就遇到了一个不易邀请的人，他之所以能说动对方，就在于他巧妙的问话。

同学的父亲有资金，而自己开公司又需要资金。问题的关键是，其父亲并不知道自己缺钱，而且知道了也不一定愿意帮自己。想到这里,他就觉得可以借请同学吃饭的机会,请他的父亲也一同出席。"单约不行,还不允许我一起约出来吗?"有了这种想法,才有了他接下来的巧妙问话。

其实,自己的项目赚了钱,与同学父亲本没有多大关系,但他的真实目的是想借助同学父亲的实力帮助自己,所以就使出了"借花献佛"这一招,邀请同学的同时也将其父一起邀请。看见儿子跟同学的关系那么好,而这个同学又那么热情,一同赴宴也就没有什么不可以的了。

仔细分析,同学父亲之所以能答应年轻人的借款要求,还在于其心态的微妙变化。首先,同学父亲最开始并没有把年轻人看作一个借款者,只看作一个晚辈,也没有想到请他吃饭带有某种目的,有了这种心态,他的心里就没有设防,也间接地促成了对方的借款之举。

借花献佛,醉翁之意不在酒。平时的生活中,我们也可学着这种方法邀请别人,这不是要心机,而是运用小技巧,为自己办事。

巧妙引导,藏在对方需求里的劝说术

想要说服别人不是件容易的事,当你试图让别人答应某件事或者买下某件东西的时候,他常常会想:我为什么要听你的?遇到这种情况,应该怎么办呢?

小芳是某汽车公司的业务员,因为业绩突出,已经连续三次被评为优秀员工,她到底是怎么做到的呢?以下是小芳和顾客的一次对话。

小芳:请问你需要多大吨位的?

顾客:很难说,大致2吨吧。

小芳:有时候多,有时候少,对吗?

顾客:是这样。

小芳:究竟要哪种型号的卡车,一方面要看你运什么货,另一方面要看在什么路上行驶,你说对吗?

顾客:对,不过……

小芳:假如你在丘陵地区行驶,而且你们那里冬季较长,这时汽车的机器和车身所承受的压力是不是比正常情况下要大些?

顾客:是这样的。

小芳:你们冬天出车的次数比夏天多吧?

顾客:可不是嘛,多多了,夏天生意不行。

小芳:有时候货物太多,又在冬天的丘陵地区行驶,汽车是否经常处于超负荷状态呢?

顾客:对,确实是这样。

小芳:从长远的眼光看,是什么因素决定买车型号,是否留有余地?

顾客:你的意思是……

小芳:从长远的眼光看,是什么因素决定买一辆车值不值呢?

顾客：当然要看车的使用寿命。

小芳：一辆车总是满负荷，另一辆车从不超载，你觉得哪一辆寿命更长些呢？

顾客：当然是马力大、载重多的一辆。

小芳：所以，我建议你买一辆载重4吨的卡车可能更划得来。

顾客：好的，我愿意考虑一下。

在以上小芳和顾客的对话中，我们并不能在最开始就准确地判断出小芳能否说服对方接受自己的意见，但有一个强烈的感受就是：小芳的话里似乎总有对方的需求和愿意接受的内容。

两个人交谈的时候，当答者对问者的问题没有表现出任何不适和反感，每次回答都能给予正面回应的时候，两人的交流就会呈现出一种良性循环。这里面暗含的意思是：回答问题者正逐渐在内心深处接受向自己提问的那个人，这种接受包括对方的问题和意见。那么，为什么会产生这样的效果呢？

在小芳的问话中，她一直将对方可能接受的答案包含其中，这个答案也是她想让对方接受的内容，这样问出来，会让对方觉得被尊重，他并没有感到自己被引导，虽然事实就是这样。

有时，说服并不需要正面表达，将对方可能的答案暗含在自己的问话中，用他能接受的选择项引导他，很多事情就会容易很多。

销售提问的三大诀窍

问什么，怎么问，会不会问，都是大有学问的。当你张口发问时，应根据你提问的目的及所问事物的性质，选用巧妙的提问方式。一般应注意：

1. 用词准确、贴切

提问时，用词贴切，抠准字眼，方能取得最佳的交际效果。

某售货员与前来的顾客打招呼，开始这样提问："同志，您要什么？"不礼貌的顾客则回答："我要的东西多看呢，你给吗？"售货员如鲠在喉。后改问："同志，您想买什么？"顾客则笑答："不买还不能看看吗？"售货员啼笑皆非。后又改问："同志，您想看点什么？"终于获得了顾客的理解。

比较以上三个问句，由于选用了不同的动词谓语也就产生了不同的交际效果：第一句中的"要"表意含混且兼有乞讨味；第二句中的"买"将售货员与顾客置于买卖关系之中，并会有迫人购物之嫌；第三句中的"看"则表达了对顾客的尊重并暗示了顾客有自由选择商品的权利，即使不买，也不觉得尴尬。三个不同的动词导致三种不同的局面，由此可见用词贴切的重要性。

2. 选择恰当句式

问句按句式的结构划分，可分为是非问、特指问、选择问、正反问、猜度问等不同类型。在提问时，应根据不同的内容需要，恰当地加以选择。

3. 巧换提问语序

提问时，根据情况来巧妙地改变、调整词语的顺序，可以收到满意的效果。

有两名烟瘾很重的教士，其中一名问他的上司："我在祈祷时可以抽烟吗？"这个请求遭到了上司的斥责。另一名教士也向上司提出了同样的请求，只是变换了一个词语的顺序："我在抽烟的时候，可以祈祷吗？"上司莞尔一笑，竟然答应了他的请求。

第二个教士的机智表现在他将原问句的状语与谓语的中心词调换了位置，用以表现自己时时处处都在为上帝祈祷的忠诚，因而取得了成功。

看透对方心理，掌握谈话主动权

在谈判中，一味地用和气、温柔的语调讲话，一个劲地谦虚、客气、退让，有时并不能让对方信赖、尊敬以及让步，反而会使一些人误以为你必须依附于他，或认为你是个软弱的谈判对手，可以在你身上获得更多更大的利益。

相反，如果一开始就以较强硬的态度出现，从面部表情到言谈举止，都表现出高傲、不可战胜、一步也不退让，留给对方的也将是极不友好的印象。这样会使对方对你的谈判诚意持有异议，从而导致失去对你的信赖和尊敬。那么，正确的方法应该是怎样的呢？

故事中的谈判给我们提供了答案。

1923年，苏联国内食品短缺，苏联驻挪威全权贸易代表柯伦泰奉命与挪威商人洽谈购买鲱鱼。

当时，挪威商人非常了解苏联的情况，想借此机会大捞一笔，他们提出了一个高得惊人的价格。柯伦泰竭力进行讨价还价，但双方的差距还是很大，谈判一时陷入了僵局。柯伦泰心急如焚，怎样才能打破僵局，以较低的价格成交呢？低三下四是没有用的，而态度强硬更会使谈判破裂。她冥思苦想终于想出了一个办法。

当她再一次与挪威商人谈判时，柯伦泰十分痛快地说："目前，我们国家非常需要这些食品，好吧，就按你们提出的价格成交。如果我们政府不批准这个价格的话，我就用自己的薪金来补偿，你们觉得怎么样？"

挪威商人听了她的话，一时竟呆住了。

柯伦泰又说："不过，我的薪金有限，这笔差额要分期支付，可能要一辈子，怎么样，同意的话咱们就签约吧？"

柯伦泰的这句话虽然让挪威商人很感动，但也感到了其中某种强硬的意味，要还一辈子？这里面似乎已经没有讨价还价的余地。最后，经过一番深思熟虑，他们最终同意降低了鲱鱼的价格，按柯伦泰的条件签订了协议。

本来是紧张的商业谈判，最后却因为一方的示弱发生了意想不到的转变。这种示弱在商业谈判中叫作"软硬兼施"。当谈话陷入僵局，双方各执一词争执不下的时候，要想让谈判继续下去，一方就要做出让步。让步不是无谓的退缩，而是在谋划周全后，为了争取最大的利益而做出的举动。

柯伦泰在双方分歧较大的时候提出用自己的钱买挪威人手中的货物，还言辞恳切地询问对方的意见如何。这些话麻痹了对方的神经，以为她真的会按自己说的去做，没想到这只是柯伦泰的一种策略。而且，她最后说如果是自己付钱，恐怕要一辈子。

通常来讲，谈判双方实际上就是在讨价还价，但柯伦泰的"一辈子"让对方一时语塞，不知道该怎样回答，这就是一种硬。先软后硬让对方无所适从，柯伦泰正是看透了对手的这种心理，才在谈判陷入僵局时，掌握了主动权，最后以较低价格签订合约。

无论是生活中还是谈判桌上，当我们遇到类似于故事中那样的局面时，不妨试用一下软硬兼施的谈判方式，熟练掌握，很可能会取得意想不到的好结果。

故意褒贬，吹毛求疵有玄机

商务谈判中，谈判者有什么办法能让对垒者在本不情愿的情况下做出让步，降低价格呢？那些不断对你手中的产品"横挑鼻子竖挑眼"的人的真正用意是什么？你的产品真的有那么差吗？

有一次，某百货商场的采购员到一家服装厂采购一批冬季服装。采购员看中一款皮夹克，问服装厂经理："多少钱一件？"

"500元一件。"

"400元行不行？"

"不行，我们这是最低售价了，再也不能少了。"

"咱们商量商量，总不能要什么价就什么价，一点儿也不能降吧？"

服装厂经理感到，冬季马上就到了，正是皮夹克的销售旺季，不能轻易让步，所以很干脆地说："不能让价，没什么好商量的。"

采购员见话已说到这个地步，没什么希望了，扭头就走了。

过了两天，另一家百货商场的采购员来了。他问服装厂经理："多少钱一件？"回答依然是500元。

采购员又说："我们会采购一批，最低可多少钱一件？"

"我们只批发，不零卖。今年全市批发价都是500元一件。"

这时，采购员不急于还价，而是不慌不忙地检查产品。过了一会儿，采购员讲："你们的厂子是个老厂，信得过，所以我到你们厂来采购。不过，你的这批皮夹克式样有些过时了，去年这个式样还可以，今年已经不行了。而且颜色也单调。你们只有黑色的，而今年皮夹克的流行色是棕色和天蓝色，但你们这些呢？"

他边说边看其他的产品，突然看到有一件口袋有裂缝，马上对经理说：

"你看，你们的做工也不如其他厂精细。"他仍边说边检查，又发现有件后背的皮子不好，便又说："你看，你们这衣服的皮子质量也不好。现在顾客对皮子的质量要求特别讲究。这样的皮子质量怎么能卖这么高的价钱呢？"

这时，经理沉不住气了，并且自己也对产品的质量产生了怀疑，于是用商量的口气说："你要真想买，而且要得多的话，价钱可以商量。你给个价吧！"

"这样吧，我们也不能让你们吃亏，我们购50件，400元一件，怎么样？"

"价钱太低，而且你们买的也不多。"

"那好吧，我们再多买点，买100件，每件再多30元，行了吧？"

"好，我看你也是个痛快人，就依你的意见办！"于是，双方在微笑中达成了协议。

同样是采购，为什么一个空手而回，另一个却满载而归？原因很简单，后者采用了吹毛求疵策略，他会对商品进行故意的褒奖或者贬低，让自己的话去干扰商家的思维。他常常将商品一丁点儿的瑕疵放大到很大，让商家觉得理亏，同时又让他觉得自己很精明，是个行家里手。

款式过时、颜色单调，怎么还要那么高的价钱？质量有问题，价钱总该降一降了吧？买你100件，每件多加30元，这些总该满意了吧？

不断地揪出产品所谓的毛病，不断地提出问题，精明的采购员在提问题的同时，也是不断地挑战对方底线，降低自己成本的过程。他的每一个问题都有针对性，而他眼里的毛病也不一定是产品真正的瑕疵，这只是一种策略。最开始意志坚定的经理在采购员的问话下慢慢变得不自信，也开始怀疑自己的产品像面前这个人说的那样，毛病不少，真得考虑降价了。

卖场里是这样，谈判桌上同样如此。精明的谈判者会抓住对方的漏洞和不足，作为迫使对方让步的筹码。

"朋友，你们合同里的这部分符合规定吗？"

"你们的产品真的完美无缺吗？"

不管这些是不是对方的问题，先提出来，对方就会好好想想，而他想的过程，很可能就是退让的过程。一来一往间，本方的谈判筹码和信心激增，另一方却被你的问话术搞得思维混乱，谈判也失去了往日的章法。一旦达到这样的程度，谈判桌上占据主动的将是你，而不是他人。

谈判必杀技：将反诘进行到底

商业谈判中，当对方故意示好甚至示弱时，如何用反诘的方式探听出对方的真实意图？

谈判已经进行了两个小时，还没有最终的结果。甲一直希望乙能够购买自己的产品，但乙总是犹豫不决。

甲："其实您应该能够看出我方的诚意，我们之所以想跟您合作，是因为贵公司的实力以及在业界中的声誉，所以，您就不能再考虑一下吗？"

乙："考虑什么？通过什么考虑？只是因为贵方的诚意？商业交易，产品质量得有保证，贵方有过硬的资本吗？"

甲："当然有啊。"

说着，他顺手拿出一沓资料。

"您看，这是我们给上家企业提供的产品，以及他们对产品做出的评价。方同公司您知道吗？这家公司还是不错的。"

乙一听，脸色突然变得不好。

"方同公司？就是你们给他们提供的商品？"

"是啊，您听说过？那就更好办了。"

"是更好办了。现在我可以郑重地跟你说，谈判到此就可以结束了。你们知道你们把方同害惨了吗？产品质量不达标，外观老旧，一到货就长时间积压，根本卖不出去，这就是你们提供的优良服务？你们的诚意？"

"不会吧，您可能是搞错了，"甲有些慌张，"噢，是我拿错了材料，我马上让人拿对的来，马上就好。"甲似乎更加忐忑。

"可笑！你们是不是也想通过我们在业界的声誉，先把和我们合作的风声透露出去，扩大自己的影响，得名又得利啊？"

"没有，没有，我们根本没有这种想法。"

"没给我看资料之前,我真的犹豫不决,你说得真是太好了。又可以让利又可以提供各种优惠服务,这不是天上掉馅饼吗?看了资料我明白了,你是想让我们再成为那个倒霉蛋啊。骗人怎么也不学聪明点,把资料改改呢?"

"没有,没有,您真的误会了,我现在就给公司打电话核实,肯定是有人搞错了。"

"不必了,就这样吧。"

商业谈判中,如果一方故意示好,一般有两种可能:一是对方实力确实较弱,需要用这种讨好的方式赢得另一方的青睐;二是这是对方的幌子,想借此麻痹另一方获取商业利益。故事中的甲就属于后者。

最开始,乙还没看出对方的真面目,但他一直在用反诘的方式询问对方。用反诘本身就表明乙对甲有些不信任,他想用略带质询的方式让对方自己说出自己的不足。夸大双方实力以及需求间的巨大差距。甲虽然适时遮掩,却在不经意间说出方同公司的事,此事暴露,乙就更有资本质疑对方。也由此看出了对方的真秉性:先通过巧言善变获得对方的信任,签订合同后,再以次充好,达到损人利己的卑鄙的商业目的。

被乙看穿后,甲忐忑不安,甚至语无伦次。本想通过一贯的伎俩欺骗对方,没想到耐不过对方一个又一个的问题,终将真话讲出,露出马脚。

反诘就是这样,通过不断地质疑,将问题点指向对方,使其处于一种难堪的困窘状态，在不断扩大本方需求与对方供给能力差距的同时，逼对方亮出自己的老底，行与不行，就在此刻的评估。

同时，对比也可达到反诘的效果。即拿另一方的实力或者措施与谈判方相比较，在比较中让对方认识到自己的差距，放弃先前不切实际的想法。比如："我们公司的产品非常好，还是订购我们的吧。""是吗？跟这个行业前十名的公司相比，你们的实力怎么样？产品质量比得过吗？"

这样一问，对方就会在自知没有足够资本的情况下，乖乖闭上嘴巴，收敛起来。

所以，无论是在谈判桌上还是在辩论席上，学会用反诘，你在与对手的交锋中就可能占据优势，尽早使胜局向本方偏移。

第八章

身体语言的力量：在不为人知的情况下影响和改变他人

站着比坐着更能表现出气势

有过电话销售经验的朋友大概都知道，在与陌生人沟通时，站着打电话会更有底气，一旦坐下，则显得信心不足。的确，同一个人采取不同的姿势，所表现出来的气势也不一样。因此，无论是开会发言还是个人演讲，即使再累，也要尽量站着讲话。因为如果坐在椅子上讲话，积极性以及威信都会降低，心理上的气势就会严重下降。

当人们坐下时，身体会不自觉地进入一种放松的状态，当你坐下时，腿部、腰部的肌肉都是松弛的，坐着说话时，你的声音也会失去张力。此外，如果别人站着，你坐着，别人处于居高临下的位置，而你需要仰视对方，无形中就在气势上输了三分，就像小时候我们仰视父母一样。因此，坐着说话，肯定会降低说话时的气势，如果你想要在下属或者竞争对手面前表现出强者的气势，就要尽量避免坐姿。

相比之下，站立的姿势本身就可以让人感受到一种威慑力。

当人双腿叉开，身体挺直站立时，用坚定的目光看着你，就好像在说："我随时都可以采取行动，我随时都有可能向你发起挑战！"同样，如果对方坐着，你从上向下俯视对方，是威慑对方的一个好办法。因此，当你跟社会地位、经济条件都比你优秀的人交谈时，采取站立的姿势会更加有利。

站立姿势的威慑效应在华盛顿大学的巴里·施瓦兹教授的实验中得到了证明。在实验中，施瓦兹教授拿着两张分别以"坐姿"和"站姿"拍摄的照片，去征求人们的意见：哪种姿势更具有威慑力？结果这些人中有59%的人觉得"站姿"更具有威慑力，仅有41%的人觉得"坐姿"更具威慑力。站立的姿势一方面会增强我们的气势，给对方造成心理压力，另一方面也会增加双方的紧张感，可能使双方陷入对立的情绪。如果想要营造轻松和谐的谈话氛围，就应请对方入座，然后自己也坐下来。总之，要根据对方的性格和谈话的目的选择恰当的姿势。

获取站在左边的优势，处于主动的位置

心理学家通过研究发现了这样一个有趣的现象，很多政治领袖、公众人物，以及一些老板，他们在出席新闻发布会时，尤其是在集体合影留念或是在电视上进行辩论、演讲时，他们往往会为自己寻找一个靠左的位置。

他们为什么要这样做呢？是因为靠左的位置不会遭到突然袭

击,还是因为靠左的位置能减少他们心中的压力?其实,都不是。心理学家通过研究后发现,那些政治家、公众人物之所以喜欢站在靠左的位置,其根本原因就在于站在照片或电视屏幕的左边,能占据一定的优势,使他们在与人握手时占据上风,同时也能给支持他们的观众以信心和鼓励,进而帮助他们获得观众的信任和支持。这在1960年电视直播的肯尼迪和尼克松总统辩论前的时候,体现得尤为充分。

当时,虽然全世界都不知道身体语言这一概念,但是,后来心理学家通过分析肯尼迪和尼克松在进行总统辩论前的握手录像时发现,肯尼迪似乎天生就知道该如何使用身体语言来赢得观众的信任和支持。无论是在与尼克松进行合影留念时,还是在进行辩论时,肯尼迪总喜欢站在左边。如此一来,每次与尼克松握手时,肯尼迪总是处于主动地位,而尼克松则处处处于被动地位。这对一个参加总统竞选的人来说,是非常不利的。

当时的民意调查也证实了这一点。在一份民意调查中,通过广播收听肯尼迪和尼克松辩论的人当中,大多数人都认为尼克松会赢。然而,在看电视直播的人当中,大多数人又认为肯尼迪会入主白宫。毕竟,电视是美国人娱乐和了解世界的主要窗口。所以,肯尼迪和尼克松经过数次激烈的唇枪舌剑之后,最终,肯尼迪笑到了最后,成为了白宫的新主人。肯尼迪之所以会最终取胜,他富有信心的身体语言和在恰当的时候选择了恰当的位置起了非常重要的作用。

由此可见，当一个人出现在公共媒体或是与人合影留念时，选择左边的位置往往会让他赢得更多观众的"眼球"，同时也会让他处于主动的位置，尤其是在与对方握手时。

所以，当你想要在谈话中占据主导地位时，不妨选择站在对方的左边。

巧妙安排座位占据主动位置

我国传统的待客之道就是让客人居上座。一般来说，靠墙壁、靠窗的位置都是上座。为什么要这样安排座位呢？原因很简单，这既能体现你对客人的尊敬之情，也能赢得客人对你的尊重。

美国加利福尼亚大学的心理学家斯塔豪迈尔的研究也发现，在商务或谈判场合中，虽然人们在文化背景和相互关系中存在着细微的差别，但一个人对别人座位的安排，往往还是能体现出他对别人的尊敬或喜好程度。

心理学家经过研究也发现，如果对方将你安排在他的对面，这就说明他视你为竞争关系，其内心也没有真正接纳你、相信你，在潜意识中他对你始终抱有一种防御态度。在交谈或谈判的过程中，你和对方总会有一种紧张感，如果处理不当，很可能将这种紧张感演变成对立的情况。

如果对方选择一种较大的桌子，将你安排在他的斜上方位置,这表明对方比较尊重你,其内心对你的认同感较为强烈,他往往将你视为能真正进行合作的朋友。交谈时,由于彼此较少发生目光接触,因而双方的心理负担较少,非常容易产生亲近感。

如果对方将你安排在同一水平位置上,甚至是并肩而坐,这就表明对方完全接纳了你,他不仅非常信任你,还会将你视为他的知心朋友。当然,对方对你的尊敬之情往往是溢于言表的。一般来说,双方若在此种条件下进行商务谈判,往往能获得双赢结果。

如果对方将背窗的座位安排给你,这说明对方非常尊敬你,因为此座位能带给就座的人极大的优势。为什么这样说呢?我们知道,窗户往往是朝阳的,背对着窗户就座的人也就背对着太阳,所以坐在此座位上人的脸的表情变化就不易让对方看清楚。反之,坐在他对面,或是两旁人由于正对着太阳,因而其脸上的表情可以让背窗而坐的人看得一清二楚。

当然,在一些情况下,我们不需要对方给自己安排座位,而是根据自己的喜好来选择一个位置。但是,这种选择也不是绝对自由的,它往往会受到环境的影响。比如一些酒吧的就座位置可能就不同于高级餐厅的就座位置。座位的方向和桌子之间的距离可能会对人们在选择具体座位的行为上产生扭曲的影响。比如,热恋中的情侣,只要有条件均喜欢并肩而坐,但是如果在一个拥挤的餐厅中,由于桌子之间的距离很小,这点就很难实现了,两人就不得不面对面而坐。而此种就座方式通常是一种对抗或竞争的姿势。

移开视线,你就输了

回想一下小时候被父母训斥时的场景就会发现,当父母用威严的目光看着我们,小孩子都会不自觉地把头埋得很低,眼睛看着地面,完全不敢和父母对视。此时,父母的眼神具有威慑的作用,而小孩向下看的动作显示出胆怯和畏惧。

同样,当人们在交谈时,如果其中一方眼睛向下看,就好像在说:"你说得对,我听你的。"这样无形中就让对方占了上风。因此,要尽量避免主动移开视线,即使真的感觉与对方对视很痛苦,可以将视线上移或者平移,但千万不要下移,否则对方会认为你屈服于他。你可以转头看看窗外,或者假装脖子太酸,抬头看看天花板。

之所以会移开视线,大多是紧张不安造成的。当谈话十分紧张时,尤其是双方意见不同,而对方似乎非常强势,试图说服我们,这时要直视对方的眼睛是非常困难的,因此我们很容易主动移开视线,例如往地上看。这样会让自己看上去是要服从对方,对方会认为你是一个很容易陷入不安的人。因此,即使真的感到对视很不舒服,可以将视线平移或者直接扭头不看对方。一直不看对方,就相当于告诉对方"你的话很无聊"或"你这个人挺无聊的",这样反而会令对方产生动摇。

再来看看"平移法"。有时两人在谈话时会突然陷入尴尬中或者十分紧张，这时可以转头看看墙上的装饰画或者窗外的风景。另外，如果你发现无意识中自己的视线下移了，感觉好像在看地上的垃圾时，一定要赶快转移视线，将其恢复原位。

同样，在演讲的时候，千万不要低下头去看演讲稿，因为看演讲稿会使视线下移。视线下移，会让听众觉得你很软弱，一旦你在听众面前低下头，听众就完全感觉不到你的气势，也就无法被你说服或者打动。

当然，有的人视线容易下移，是因为自卑的缘故，可以通过改变身体姿势来改善，例如在说话时有意识地挺直身体，抬起下巴，双脚叉开站立，这样视线就会自然上扬了。

利用光环效应让对方对你做出好的推测

"光环效应"是指由于对人的某种品质或特点有清晰的知觉，印象较深刻、突出，从而爱屋及乌，掩盖了对这个人的其他品质或特点的认识。这种强烈知觉的品质或特点，就像月晕形成的光环一样，向周围弥漫、扩散，所以人们就形象地称这一心理效应为"光环效应"。

其实，在我们的日常生活里，"光环效应"的例子数不胜数。拍广告的多数是那些有名的歌星、影星，而很少见到那些名不见经传的小人物，明星推出的商品更容易得到大家的认同。在政界，依靠继承父亲打下的江山而在竞选中顺利当选的人被称为

"二世政治家"。在金融界也有向"二世"传授经营学的课程，就是为了培养自己的接班人。

其实，在我们这个社会里，依靠"父母光环"平步青云的例子比比皆是。一个作家一旦出名，以前压在箱子底的稿件全然不愁发表，所有著作都不愁销售，这又是为什么呢？为什么知名人士的评价或权威机关的数据会使人不由自主地产生信任感？为什么那些迷信权威的人，即使觉得没有什么值得借鉴之处或者有许多疑问，但只要是权威部门或权威人士的话就会全盘接受？为什么外表漂亮的人更受人欢迎，更容易获得他人的青睐呢？

所有这些问题的答案都可以用心理学上所谓的"光环效应"来解释：当一个人在别人心目中有较好的形象时，他会被一种积极的光环所笼罩，从而被赋予其他良好的品质。由于光环效应可以增加人们对未知事物认识的可信度和说服力，使得人们在认识事物方面达到"好者越好，差者越差"的效果，所以它也是形成马太效应的又一个主要因素。

所以，我们在说服他人的时候也可以利用光环效应让对方对你做出好的推测。

隐藏部分身体，让他人畅所欲言

方明新交了一个女朋友乐乐，乐乐性格很好，与她相处方明觉得很幸福。

可在乐乐心里，方明是一个气场很强大的人，这种强大的气场甚至让乐乐无法应付。乐乐总是觉得无论自己说什么，方明都会有另一番说辞，这使得乐乐总是不知道该说什么才好，渐渐地，乐乐开始不说话了。

方明也在为这件事情苦恼，他每次都说很多话想引起乐乐的兴趣，却总是让事情变得越来越糟。有一次，他在公园散步的时候看到一个大人蹲在地上和小孩聊天，突然意识到，比起和站着的大人聊天，小孩更喜欢和蹲着的大人聊天，这是因为小孩子的气场很弱小，当大人展现出强大的气场时，小孩子就会逃避。而当大人减弱一定的气场后，小孩子会愿意亲近大人，更喜欢与之交流。而他与乐乐之间的问题也在于此。

又一次见面时，方明试着减弱了自己的气场，随着两人的交谈，乐乐的话果然逐渐多了起来。

有时候，强大的气场并非在所有情况下都有好处，当你面对气场弱于自己的人时，气场的强大反而会阻碍对方发表内心的观点。这时，你就应该采用一些方法减弱自身的气场而不是增强。试想一下，对方的气场本来就比较弱，很难将气场能量散发出来，在这种情况下，你的气场越强大，就越难以让对方的气场进入你的气场，甚至会使对方在你强大气场的压迫下变得更加弱小，所以对方便觉得没有什么说话的欲望及必要了。

减弱自身气场有很多方式，比如让自己的情绪变得消极。情绪消极，负面能量就会增多，为对抗负面能量，正面能量会有一定消耗，自身气场因而减弱。但负面能量的增多会对我们自身造成不好的影响，因此，更好的方法是直接减少我们自身气场能量的释放。身体是气场能量的承载者，当你将展现在他人面前的身体部位缩小时，我们展现给对方的气场能量就会减弱很多。比如，跟小孩子平等交流可以蹲在地上进行，这样，你的气场随着身体外露面积的缩小而缩小，气场能量也就会减弱很多。蹲在地上通常用于应对小孩子，当面对成年人时，我们可以选择将双手背过去，或者将一只脚放在另一只脚之后，或者坐在桌子后面等多种方法隐藏自己的身体。而隐藏部分的大小则应该由彼此的气场对比决定。

双方气场的均衡是两个人平等交流的前提，当两个人气场不均衡时，气场强大的一方就会掌握主导权，而气场弱小的一方则无法散发自身的气场能量，无法将自己心中的话说出来。隐藏自己的身体可以起到减弱自身气场，让他人畅所欲言的作用。

认真倾听是对他人最好的附和

心理学家做过这样一个实验，来证明听者的态度对说者有着极大的影响。心理学家让学生表现出一副心不在焉的样子，结果上课的教授照本宣科，不看学生，无强调，无手势；让学生积极投入倾听，并且开始使用一些身体语言，比如适当的身体动作和眼神的接触，结果教授的声调开始变化，并加入了必要的手势，课堂气氛生动起来。

由此看出,当学生表现出一副心不在焉的样子,教授因得不到必要的反应而变得满不在乎起来;当学生改变态度,用心去倾听时,其实是从一个侧面告诉教授:你的课讲得好,我们愿意听。这就是无声的赞美起到的积极效果。

从上面的例子也可以看出,倾听时加入必要的身体语言可以传达你正在认真聆听的信息,同时通过这一动作诱导对方说更多。

行动胜于语言,身体的每一部分都可以显示出激情、赞美的信息,可增强、减弱或躲避、拒绝信息的传递。善于倾听的人,是不会做一部没有生气的录音机的,他会以一种积极投入的状态,向说话者传递"你的话我很喜欢听"的信息。多听别人说,才能了解到对方更多的信息,才能在谈话中占据主导地位,诱导对方说更多。然而,不是每个听力正常的人都懂得倾听的艺术,尤其是想讨对方欢心的时候,仅仅靠听就完全不够了,更重要的是要会适时附和对方。

俗语说,"眼睛是心灵的窗户",适当的眼神交流可以增强听的效果。这种眼神是专注的,而不是游移不定的;是真诚的,而不是虚伪的。

倾听者必须做一些"小动作",身体向对方稍微前倾,表示你对说者的尊敬;正向对方而坐,表明"我们是平等的",这可使职位低者感到亲切,使职位高者感到轻松;自然坐立,手脚不要交叉，否则让对方认为你傲慢无礼。同时还要注意，应在每一段话结束时，不疾不徐地响应，同一句附和语不要重复三次以上，可从表示同感、归纳对方所说的内容等方面来附和。倾听时和说话人保持一定的距离，恰当的距离给人以安全感，使说话者觉得自然。动作跟进要合适，太多或太少的动作都会让说者分心，让他认为你厌烦了，正确的动作应该跟说话者保持同步。

倾听并不意味着沉默不语，除了做一些必要的"小动作"外，还得动一动自己的嘴。恰当的附和不但表示你对说者观点的赞同，还对他暗含鼓励之意。例如，对于领导来说，仔细地倾听职员的谈话，不仅有助于充分了解下情，也说明了你对下属的体贴和关心，这种没有架子的平民领导到哪儿都会受到员工欢迎的。在朋友之间，这种附和式的倾听则能促进情感，加深相互间的理解，引发精神上的共鸣。

与他人交谈的时候，你若想在谈话中占据主导地位，想让交流愉快地延续下去，那么，请学着适时地附和。

图书在版编目（CIP）数据

说服力：怎样有技巧地说服他人 / 宿文渊著 . —北京：北京联合出版公司，2019.8（2021.2 重印）
ISBN 978-7-5596-3353-8

Ⅰ . ①说… Ⅱ . ①宿… Ⅲ . ①说服—语言艺术—通俗读物 Ⅳ . ① H019-49

中国版本图书馆 CIP 数据核字（2019）第 125330 号

说服力：怎样有技巧地说服他人

著　　者：宿文渊
责任编辑：管　文
封面设计：韩立强
责任校对：胡宝林
美术编辑：张　诚

北京联合出版公司出版
（北京市西城区德外大街 83 号楼 9 层　100088）
三河市京兰印务有限公司印刷　新华书店经销
字数 180 千字　880 毫米 ×1230 毫米　1/32　6.75 印张
2019 年 8 月第 1 版　2021 年 2 月第 5 次印刷
ISBN 978-7-5596-3353-8
定价：36.00 元

版权所有，侵权必究
未经许可，不得以任何方式复制或抄袭本书部分或全部内容
本书若有质量问题，请与本公司图书销售中心联系调换。电话：（010）58815874